Come essere felici in un mondo di merda

Manuale di sopravvivenza spirituale nel mondo moderno

Yamada Takumi

Nuova edizione

Come essere felici in un mondo di merda

"Che mondo di merda", "che tempi di merda". Quante volte hai sentito o pronunciato questa frase? Questa o quella notizia di giornale, un evento sfortunato, un attacco terroristico, un terribile incidente, ed ecco che partono le invettive dirette al mondo in cui viviamo, ai mali insanabili della nostra società e…

… fermati! Fermati un secondo! D'accordo, il nostro mondo è tutto fuorché perfetto, e come specie dobbiamo ancora fare molti passi avanti prima di riuscire a capire come vivere in armonia con noi stessi (ammesso che la nostra estinzione non arrivi prima), ma… siamo sicuri che inveire rabbiosamente contro il mondo e la società lì fuori sia *ciò che più ci serve per vivere al meglio?*

Perché se da un lato il nostro cammino su questo pianeta come umanità è piuttosto incerto e costellato tanto di grandi passi indietro quanto di enormi balzi in avanti (d'accordo, "i giornali dicono un sacco di cose cattive", ma *mai dimenticare sempre ed in ogni caso gli enormi progressi fatti negli ultimi cento anni in termine di riduzione della mortalità infantile, velocizzazione di trasporti e comunicazioni, allungamento della vita media, istituzione del concetto di diritti umani, debellamento delle principali malattie, etc.*), la verità è che la cosa migliore che possiamo fare come individui in un contesto simile è *"spostare il focus" su ciò che ci serve realmente* non solo per "sopravviverci" alla meno peggio, ma anche e soprattutto per *crescere, per costruire, per viverci pienamente* e per realizzare nelle nostre giornate ciò che più ci farebbe sentire felici ed appagati come individui; ossia, dobbiamo spostare questo "focus" su *noi stessi, sulla salute del nostro mondo interiore, e sulle nostre emozioni e reazioni di fronte agli eventi esterni.* Dobbiamo capire innanzitutto cosa in questi fattori interiori "non va" e poi cosa possiamo fare per convogliarne dinamiche, struttura e relazioni in un modo che abbia come unico scopo e fine il *nostro benessere.*

Ok, con questo non voglio dire che in quanto individuo tu debba smettere di "combattere" ciò che di sbagliato c'è lì fuori; tuttavia, anche un atteggiamento profondamente attivo ed orientato alla risoluzione dei problemi parte da lì: dal fare attenzione al proprio mondo interiore, dal sapere gestire efficacemente paure, dolori e sofferenze, dall'imparare a coltivare felicità e serenità in (quasi) qualunque circostanza e dal fare pertanto il possibile per *non lasciarsi mai sopraffare dalle emozioni o dalle circostanze, in maniera da mantenere sempre, fosse anche solo in parte, un "controllo del gioco".*

Perché nessun uomo potrà mai smettere di avere problemi, paure, di incontrare ostacoli o di soffrire di fronte ad essi. Però su questo pianeta c'è chi quotidianamente di fronte a questa realtà si lascia conformare e distruggere, e chi invece *la sfrutta per crescere, maturare e fortificarsi.* C'è chi la rende un peso da trascinare in eterno e chi la tramuta in esperienza, in strumenti, in intuizioni per il futuro. Ed è inutile provare a nasconderselo: tutto sta nella *differenza con cui questi individui hanno imparato a gestire tali problemi e le emozioni che essi comportano.*

"Il dolore infierisce proprio là dove si accorge che non è sopportato con fermezza. Poiché il ringhioso dolore ha meno forza di mordere l'uomo che lo irride e lo tratta con disprezzo."
(William Shakespeare)

Nel cosiddetto "mondo occidentale" poi, nonostante le nostre condizioni di vita medie siano ben migliori di quelle della maggioranza del resto del globo, siamo dei veri e propri fanatici del "mondo di merda". Siamo quelli che vivono meglio e, nella maggioranza dei casi, *anche i più insoddisfatti*. Il che è dovuto a diversi fattori prettamente culturali. Uno tra tutti, come rimarcato spesso anche dal quattordicesimo Dalai Lama Tenzyn Gyatso nel suo best-seller "L'arte della felicità", la nostra stessa "mentalità occidentale" tende per costituzione a forgiare menti *molto più inadatte a fronteggiare la sofferenza* rispetto a quanto non accada in altre culture. Infatti è stilema classico del nostro pensiero il ritenere il dolore, il problema, la sofferenza non come parte dell'ordine naturale delle cose, ma come *un fallimento da evitare*. Un orrore, un aborto all'interno di un mondo che, almeno superficialmente e formalmente, deve essere mantenuto *buono e bello a tutti i costi*. In un mondo di vite che devono "necessariamente" essere lunghe, perfette e felici e nel quale la sofferenza non può mai essere fronteggiata apertamente, ma nel muto terrore deve essere emarginata, seppellita, soppressa o spedita il più lontano possibile. Il risultato di tutto ciò è che spesso si tende a sopportare il dolore molto meno rispetto a quanto non si faccia ad esempio in alcune civiltà asiatiche o latinoamericane, in cui povertà e sofferenze si vedono chiaramente tutti i giorni nelle strade, e malati, anziani ed infermi sono per esempio molto spesso a carico delle *famiglie stesse* anziché di appositi istituti specializzati.

"Noi non accettiamo che la nostra vita abbia in sé la sofferenza, non l'accettiamo e non ci piace. Ed ecco che allora prendiamo pasticche, iniezioni, droga, cerchiamo gioie effimere… tutto per nascondere la verità

che nella vita accanto al piacere c'è la sofferenza."
(Tiziano Terzani)

Quello che troverai dunque nelle pagine successive è un vero e proprio "manuale di liberazione" dal modo in cui certe "brutture culturali" del mondo moderno (a cui comunque dobbiamo molto) costantemente *intossicano la nostra mente e le nostre emozioni.* Un vademecum tra i più completi che potrai mai trovare sullo scaffale di una libreria su come *fortificare il tuo spirito, come rifiutare dicotomie ed imposizioni concettuali, e soprattutto come rivoluzionare il modo in cui percepisci ed affronti i problemi nel tuo quotidiano.* Perché il "sopravvivere" in questo mondo non può limitarsi ad una condizione di "costante difesa" contro gli attacchi esterni: il vero "guerriero spirituale" infatti, come detto anche poche righe fa, non passa mai una vita intera solamente a cercare di "arginare" gli imprevisti, ma costantemente "contrattacca" il proprio nemico, ed in quanto tale non solo è un massimo esperto di risoluzione problemi, ma è anche un leader, un punto di riferimento, un'inesauribile fonte di "ricchezza spirituale" e pertanto qualcuno che sa sempre come nutrire, potenziare, migliorare l'ambiente in cui vive e le condizioni di vita di chi lo abitano.

Ciò detto, non mi resta che augurarti che questa lettura ti arricchisca, ti rassereni, migliori la tua vita, renda la tua quotidianità un costante esercizio delle tue migliori qualità. e… ovviamente, in bocca al lupo!

Yamada Takumi

Il "Kintsugi project" è il risultato di anni di studio e ricerca, svolti con totale dedizione e passione. Fin dal 2012 lavoriamo infatti duramente per costruire qualcosa di bellissimo, qualcosa che abbia la crescita umana, artistica, filosofica ed imprenditoriale dei nostri lettori come nucleo dell'intera esperienza.
Crescita personale, creatività, life-hacking, strategia, potenziamento della mente, cultura della felicità, dello star bene con sé stessi e tanto, tanto altro. Ogni volume della nostra collana è redatto da professionisti del settore dopo anni di ricerche sull'argomento, corredati da una ricca bibliografia e già ampiamente premiati dal pubblico e dalla stampa del settore. Nessun "cambia la tua vita in un secondo", nessuno slogan facile, nessun guru dell'ultim'ora. Solo tanta ricerca, tanto studio e tanto lavoro.
Perché ogni lettore per noi è innanzitutto un amico, un protagonista, un compagno nel nostro percorso intellettuale condiviso. Un percorso in cui scoprire insieme gli strumenti con cui divenire gli artigiani Kintsugi di noi stessi. Ossia quegli individui che sappiano trasformare ogni propria, inevitabile, "crepa" interiore in un'occasione per costruire un capolavoro. Ogni spaccatura in uno spunto straordinario. Ogni passo indietro in un'occasione per rilanciarsi in avanti con ancora più vigore, entusiasmo, creatività di prima.
E se per caso ti va di cominciare a percorrere questa bellissima strada insieme, seguici sui nostri social. Riceverai eBook gratis, mini-libri, sconti, offerte, piccole "pillole" di cultura Kintsugi e tanto altro!

Sito ufficiale:
https://www.kintsugiproject.net

Instagram:
@kintsugiprojectita

Facebook:
https://www.facebook.com/kintsugiprojectita/

I - 4 principi essenziali per sopravvivere in un "mondo di..."

"Non puoi far sì che i problemi non accadano più, o che tu smetta di soffrire. Ma puoi fare il possibile per prenderti cura di tè stesso, proprio come farebbe un genitore premuroso."
(Yamada Takumi)

Abbiamo visto nel capitolo precedente che principio fondamentale per "sopravvivere spiritualmente" nel mondo moderno è essenzialmente l'essere "padroni di sé stessi" e delle proprie emozioni. Quando infatti non lasciamo che siano i nostri pensieri e le nostre sensazioni a controllarci, automaticamente *impediamo anche ai problemi ed impedimenti esterni di renderci loro schiavi*, e diveniamo più abili sia a trovare soluzioni, laddove possibile, che a minimizzare concretamente i danni di quelle "forze negative" che potrebbero essere in atto nel contesto che ci interessa.

Un passo fondamentale da cui partire in questo percorso è quello che consiste nel divenire "padroni di sé stessi" e delle proprie emozioni, il che passa innanzitutto per una maggiore attenzione nei confronti dei pensieri che ci animano in momenti di difficoltà. Quando infatti otteniamo una maggiore consapevolezza nei confronti di ciò che ci passa per la mente impariamo anche "automaticamente" a non lasciare che siano i nostri pensieri e le nostre sensazioni a controllarci; e quando ciò avviene *impediamo anche ai problemi ed impedimenti esterni di renderci loro schiavi.* Ossia diveniamo maggiormente in grado sia di trovare soluzioni concrete ai nostri problemi che di minimizzarne concretamente l'impatto psicologico.

Ciò che esamineremo in questo capitolo sono dunque proprio le "chiavi' fondamentali attraverso cui possiamo intraprendere questo processo. Ossia:

Principio numero 1

Riconosci i pattern

La nostra evoluzione ci ha portato a maturare un cervello i cui schemi cognitivi mirano alla semplicità, il che tipicamente ci porta ad agire e pensare attraverso *pattern rapidi.* Ciò è straordinario visto che otteniamo un reale risparmio energetico nel riuscire a risolvere rapidamente un'enorme quantità di problemi complessi (si pensi al riuscire a definire, per esempio, istantaneamente un ombrello che non abbiamo mai visto prima semplicemente riconoscendone la somiglianza con altri ombrelli visti in passato), ma diviene controproducente nel momento in cui i pattern che utilizziamo divengono *lesivi* per la nostra persona, i nostri obiettivi o anche il nostro semplice benessere quotidiano.

Come accennato nell'introduzione quindi, un modo straordinariamente utile per ridurre significativamente l'impatto che certi problemi hanno sulle nostre emozioni è quello di provare a fermarsi, capire in cosa consistono i nostri "naturali pattern di reazione" a ciò che non ci piace e "forzarne" una traduzione razionale, complessa, in verbalizzazioni che risultino riconoscibili e identificabili. Il solo fatto infatti di allenarsi a identificare questi pattern rapidi e capire i pensieri razionali che li animano può ridurre di molto il loro impatto emotivo. A tale proposito, per aiutarti nel processo, può risultarti particolarmente utile l'elenco di frasi che segue; scorrile una ad una e prova a capire se alcune di esse corrispondono ai pattern di cui sopra. Il loro riconoscimento e le riflessioni che seguiranno potranno aiutarti enormemente nell'esecuzione del procedimento di cui abbiamo appena parlato:

- *"Avevo fatto del mio meglio. Avevo fatto tutto il possibile. Non doveva succedere."*

Ebbene, per quanto possa essere ampia la tua conoscenza e acuta la tua mente, sii sempre ben consapevole del fatto che non riuscirai mai a prevedere tutto nel minimo dettaglio né potrai mai pensare di raggiungere un'influenza sugli eventi tale da far andare sempre le cose nel verso desiderato. Ricorda: è umano avere dei limiti e stupido usarli come frusta con cui flagellarsi in eterno.

- *"È ingiusto. È un'ingiustizia. Perché proprio a me? Sono una brava persona. Sono una persona in gamba. Non me lo meritavo."*

L'amor proprio e la stima di sé sono certamente cose preziosissime, sulla base delle quali ciascun essere umano deve saper basare il proprio stare al mondo. Ma è anche necessario comprendere che l'essere persone capaci, amabili od in gamba non significa immunità, neanche parziale, da errori, problemi, sofferenze, dal caso o magari da qualche imbecille che ha deciso di usarci come involucro per i propri problemi personali. Più accetteremo il caso come fattore essenziale delle dinamiche che regolano l'universo e più sapremo metterci alle spalle certe dinamiche "aggravanti".

- *"Che sfortuna. Come sono sfortunato. Ce l'hanno tutti con me. Le cose accadono sempre a me. Il caso ha deciso di bersagliarmi."*

Se questa frase "appare" troppo spesso nei tuoi schemi di pensiero è possibile che il tuo amor proprio si stia tramutando in narcisismo. E quindi il necessario consiglio qui, molto similmente a quanto visto nella "frase" precedente è: smettila di vedere in vicende completamente casuali il preciso carattere di una presunta "volontà superiore" che sta lì apposta per perseguitarti. Non ci sei solo tu all'universo e non sei certamente l'unico all'universo a soffrire o ad incontrare circostanze spiacevoli o singolari. Creare ogni volta in cui soffri delle astrazioni, a volte con un preciso nome, che sia esso fato, destino, coincidenze o volere degli dei, ma completamente prive di fondamento concreto, è un segno evidente del fatto che non riesci ad accettare il fatto che la sofferenza possa far parte della tua vita e quindi hai sempre bisogno di credere che debba esistere un qualche *responsabile* che orchestri trame che te la procurino.

E come se non bastasse, invece di focalizzarti sul capire come muoverti per migliorare le cose, che sia lavorando su di te o su elementi esterni, è probabile che tu stia cercando una scappatoia. Stai cercando di focalizzarti su realtà che molto probabilmente non potrai modificare, così da avere un alibi per non rimboccarti le maniche e non cominciare a lavorare per migliorare te stesso e le tue condizioni di vita. Il che ci conduce direttamente al principio successivo.

Principio numero 2

Accetta la sofferenza

Banalmente: cerca di accettare e di familiarizzare con il concetto secondo cui *la sofferenza deve far parte necessariamente della vita umana, in quanto necessaria componente "evolutiva" della nostra natura.* Cerca di accettare che così è, così è sempre stato, e così sarà sempre per ogni essere su questa terra. Accettalo e paradossalmente diverrai anche più resiliente e più capace di affrontare i tuoi "dolori". Difatti secondo un'innumerevole quantità di ricerche sul funzionamento del nostro cervello le naturali reazioni che proviamo di fronte a qualcosa di spiacevole possono risultare anche enormemente aggravate dal naturale *rifiuto* che abbiamo nei confronti delle stesse. Ed è proprio sforzandoci di passare da una condizione di *rifiuto* ad una condizione di *accettazione* che possiamo guardare alle nostre sofferenze, ed ai messaggi che esse cercano di trasmetterci, con più distacco, serenità, obiettività ed orientamento alla soluzione. È proprio attraverso l'accettazione infatti che possiamo non solo "alleggerire" notevolmente la nostra esistenza, ma possiamo anche migliorare complessità e larghezza della nostra prospettiva su ciò che ci circonda, aumentando così potenzialmente anche di molto la capacità di "carpire" informazioni pratiche utili con cui avere un impatto significativo sul mondo.

E qui vale la pena di fare una precisazione molto importante: quando si parla di accettazione e comprensione di una realtà che ci procura sofferenza, *non deve significare assolutamente che essa debba piacerci, né che ci dobbiamo rassegnare a tutte le sue conseguenze o sfumature peggiori.* Vuol dire semplicemente scegliere di accettare la nostra sensibilità piuttosto che vivere in quel "muto terrore" che nasce dal seppellire le proprie angosce. Fronteggiare le cose in tempo piuttosto che ignorarle e lasciare che degenerino. Vuol dire guardare qualcosa in faccia e comprenderla in ogni suo aspetto, compresa l'idea stessa del tormento che ci procura. Il tutto sapendo che, solo se si ha cognizione di qualcosa, la si potrà gestire al meglio, sfruttare adeguatamente, combattere e, perché no, magari ci si potrà anche adattare e armonizzare.

Per quanto infatti istintivamente il nostro animo respinga e rifiuti troppo spesso l'idea di provare disagio, bisogna sempre ricordare che reagire a qualcosa soffrendo, provando dolore, paura, è una reazione perfettamente *sana, giusta, normale.* Sarebbe folle il contrario. Se la sofferenza non fosse lì a farci rendere conto di un problema ogni volta che ce ne sia il bisogno, che sia esso esteriore o seppellito all'interno del nostro subconscio, non saremmo in grado di comprendere né di fronteggiare nessun tipo di avversità. Saremmo come navi in balia di una tempesta, completamente prive di timone o strumenti di navigazione. Saremmo più morti che vivi. E non divenendo in grado di riconoscere in questo modo ciò che è dannoso molto probabilmente la nostra stessa specie sarebbe estinta da millenni.

"A prendere tutto per cosa da niente, abbiamo finito per diventare due cose da niente."
(Eduardo De Filippo)

"Coloro che guardano alla miseria con indifferenza sono i più miserabili."
(Paulo Coelho)

È molto importante infatti, nel nostro nuovo percorso di consapevolezza, provare a capire che il "dolore" non esiste per gettarci in una spirale senza fondo di rassegnazione, lamenti, rabbia, depressione, stress ed autocommiserazione. Non è lì per dirci che siamo deboli, sfortunati, fragili, inutili, incapaci, che il nostro valore è zero, la vita è misera e indegna e siamo in continua balia di forze oscure e maligne che amano tormentarci e distruggeranno per sempre la nostra felicità. Non è lì per sopprimere la nostra identità, i nostri sogni o le idee in cui crediamo. Piuttosto serve proprio per farci ricordare ancora di più che siamo esseri umani con degli istinti, delle sensazioni, delle idee di giustizia, dell'amor proprio, delle volontà e dei desideri sulla base dei quali vogliamo costruire ed impostare la nostra esistenza. Che vogliamo combattere ciò che può risultare minaccioso nei confronti della nostra sensibilità. Pertanto è unicamente un segnale che ci sta mostrando *un elemento di cui prendere consapevolezza* invitandoci, sulla base di esso, all'azione, al cambiamento, alla crescita, all'apprendimento ed alla costruzione. E sta a noi di volta in volta decidere se far nostra tale consapevolezza oppure scegliere la strada dell'eterna inquietudine.

L'accettazione infatti è innanzitutto un mezzo essenziale di *responsabilizzazione.* Di rimozione dell'illusione infantile di poter risolvere definitivamente ogni problema della propria esistenza, distruggere definitivamente ogni ostacolo sulla propria strada, o rimuovere per sempre dalla propria vita tutto ciò che non gli piace. E sostituzione della stessa con la consapevolezza che tutto ciò non è necessario, perché felicità, successo, benessere e realizzazione piuttosto sono *nell'atteggiamento con cui ogni cosa, anche se spiacevole, verrà affrontata.* Nella consapevolezza di poter sviluppare giorno dopo giorno la maturità, la serenità e l'ottimismo utile per trasformare ogni avversità in una risorsa, o nel costruire risorse *nonostante le avversità.*

Ed è molto interessante come ciò si ricolleghi in parte ad un concetto espresso perfettamente da Marcel Proust ne "I Guermantes", il terzo volume del suo "Alla ricerca del Tempo Perduto": egli infatti definì la sofferenza come *bisogno della mente di prendere coscienza di uno stato delle cose, interiore od esteriore che sia.*

Ossia, si può partire dal presupposto che prima o poi nella propria vita si sia passati da una condizione mentale "migliore" ad una in cui il manifestarsi, il percepire, l'avere a che fare con qualcosa di nuovo abbia turbato la propria serenità. O meglio, che un turbamento sia scaturito *dal rifiuto cognitivo nei confronti di una porzione di realtà*, dal non accettarla, dal non volerla fronteggiare in ogni suo aspetto, dal non volerla portare alla propria completa consapevolezza. Il dolore ci richiama, ci sprona, ci spinge costantemente a non attaccarci a schemi o a modelli vecchi e ad effettuare la presa di coscienza della nuova realtà. Solo allora il suo compito sarà portato a termine e potrà momentaneamente sparire.

Il dolore in quest'ottica diviene pertanto un allarme che scatta quando si formano dei pensieri che offrono una resistenza al cambiamento. Diviene il segnale che sprona a seguire l'evolversi di una realtà e a non opporsi a quella che è una delle leggi prime dell'universo. Ed in questo contesto la mente davvero forte e sana diviene semplicemente *quella mutevole*, quella che sa evolversi, quella che non si attacca in maniera malata a pensieri che non hanno ragion d'esistere. Quella sempre pronta ad accettare una realtà costantemente in movimento e tutti i cambiamenti che essa cova in grembo, che siano essi buoni o cattivi, piccoli o grandi, esteriori od interiori. E che sa che solo così potrà trarne il massimo. Un concetto identico lo possiamo ritrovare anche nel percorso spirituale della filosofia Buddhista, una cui parte fondamentale consiste nell'addestrarsi all'accettazione incondizionata dell'impermanenza delle cose ed al conseguente non attaccamento ad esse.

"La causa della sofferenza è l'attaccamento. L'attaccamento a sua volta è causato dall'ignoranza. L'ignoranza che causa l'attaccamento è l'ignoranza della realtà, l'ignoranza che la realtà è impermanente. L'ignoranza della realtà produce l'attaccamento perché si crede permanente ciò che è impermanente. L'attaccamento produce la tristezza, l'ira, l'invidia, il timore, l'ansia, la paura e la disperazione."
(Il Buddha)

"Tutte le cose nascono e muoiono, diceva il Buddha, e l'idea che il fluire e il mutare sono aspetti fondamentali della natura sta alle radici del Buddhismo. Secondo la concezione buddhista, la sofferenza nasce ogni volta che ci opponiamo al fluire della vita e cerchiamo di attaccarci strettamente a forme fisse le quali sono tutte illusioni, siano esse cose, eventi, persone o idee."
(Fritjof Capra)

Principio numero 3

Non sentirti solo nella tua sofferenza o nella tua paura. Non lo sei e non lo sarai mai.

Questo principio discende direttamente da quello appena enunciato. I problemi e le sofferenze infatti sono spesso aggravati dalla sensazione di "solitudine" che si avverte nel viverli, e pertanto può aiutarci moltissimo provare a raggiungere una maggiore consapevolezza su quanto essi siano *parte integrante dell'esistenza di tutti,* indipendentemente da quanto meritino, da chi siano, da dove siano nati e da quanta fortuna reputino di avere. E per quanto nella nostra società "social" tutto ciò che è dolore personale non viene mai messo troppo in mostra, basta in realtà leggere, cercare, parlare un po' in giro, e andare un po' più a fondo rispetto alle semplici apparenze per rendersi conto di quanto sia vero che ognuno ha le proprie paure, le proprie insicurezze, le proprie ossessioni, i propri traumi, i propri complessi, i propri demoni. Per rendersi conto di come queste cose continuamente uniscano ed accomunino l'intera razza umana indipendentemente dal ceto sociale, dall'esperienza, dalla conoscenza, dai possedimenti materiali, dalla situazione familiare e dalla locazione geografica.

"Sei insicuro? Beh, indovina un po'… lo è anche il resto del mondo. Non sovrastimare la competizione e non sottostimare tè stesso."
(Timothy Ferriss)

Siamo in otto miliardi a soffrire su questa terra, e tutto ciò che ti fa, ti ha fatto, e ti farà soffrire, arrabbiare, impaurire, allo stesso modo farebbe soffrire, arrabbiare, impaurire moltissime altre persone. E certamente l'estrema somiglianza delle nature umane, unita alla varietà delle situazioni che costantemente accadono sul pianeta, sta facendo sì che in questo stesso istante, qualcuno nel mondo stia affrontando un problema uguale o molto simile al tuo, magari provando esattamente la tua stessa sofferenza. Il che, ancora di più, dovrebbe aiutarti a capire che *non sei solo/a.*

"All'epoca del Buddha, a una donna di nome Kisagotami morì l'unico figlio. Incapace di accettare la perdita, Kisagotami andò dal Buddha, gli rese omaggio e domandò: "Hai un medicamento che riporti in vita mio figlio?". "Ne conosco uno" rispose il Buddha, "Ma per prepararlo devo avere determinati ingredienti." Sollevata, Kisagotami chiese: "Di quali ingredienti hai bisogno?". "Portami un pugno di semi di senape" disse lui. La donna promise di procurarglieli, ma prima che se ne andasse il

Buddha aggiunse: "Bisogna che i semi di senape siano prelevati da una famiglia in cui non siano morti né figli, né coniugi, né genitori, né servitori". Lei annuì e andò di casa in casa alla ricerca di quanto richiesto. Dappertutto la gente si mostrò disposta a darle i semi, ma quando Kisagotami si informò sugli eventuali lutti, non trovò alcuna casa a cui la morte non avesse fatto visita: in una era deceduta una figlia, in un'altra un domestico, in altre ancora il marito o un genitore. La donna non rinvenne una sola famiglia risparmiata dalla sofferenza della morte. Vedendo che non era sola nel suo dolore, depose il corpo esanime del figlio e tornò dal Buddha."

(Aneddoto Buddhista)

Prova anche a conoscere, parlare, condividere le tue esperienze di sofferenza con chi ne sta passando di simili, e ad aiutare e confortare chi ne sta passando di simili o peggiori. È una pratica costruttiva, utile, ed in grado di apportare ad entrambe le parti enormi benefici.

Principio numero 4

Disidentificati da ciò che trascende il tuo "io"

Così come troppo spesso ci lasciamo pervadere dai nostri pensieri fino a identificarci completamente con essi e a non riuscire più a cogliere alcuna prospettiva differente, lo stesso accade con gli elementi che quotidianamente ci danno benessere e sicurezza, che siano essi persone che amiamo od un insieme di beni materiali che ci dà sostentamento. Ci abituiamo alla loro presenza, ce ne lasciamo quasi "drogare" e crediamo in qualche modo di non poter "esistere più" senza queste cose.

Questo tuttavia è un problema perché *aumenta il nostro livello di vulnerabilità*: quando il nostro relazionarsi con qualcosa, quando il sentirlo diventa il nostro io ed il nostro mondo interiore, ecco che una sua alterazione, una suo fine, inevitabilmente finiranno per danneggiare, se non addirittura distruggere il nostro "senso di sé".

L'acquisizione di questo principio può essere ottenuto attraverso alcuni passi: innanzitutto allenandoci ulteriormente ad una pratica già accennata alcune pagine fa, ossia quella del *divenire osservatori del proprio pensiero.* Quando si impara infatti a distinguere sé stessi dal proprio pensiero, e le costruzioni del proprio pensiero dalla realtà effettiva delle cose, si fa già un grande passo avanti in questo senso.

E qui diviene necessario fare un passo ulteriore e prendere consapevolezza del fatto che sulle entità esterne con cui spesso ci identifichiamo, sul loro evolversi in maniera poco gradita, *spesso non abbiamo alcun controllo né alcuna responsabilità.* Per questo non dovremmo mai "prendere sul personale" tali evoluzioni e, come parte del processo di responsabilizzazione di cui parlavamo poco fa, il nostro scopo dovrebbe essere sempre quello di concentrare la nostra "identità" ed il nostro "senso d'essere" nei nostri pensieri, nelle nostre azioni e su tutto ciò che *realmente* fa parte della nostra sfera di controllo.

Ultimo passo: nonostante sia inevitabile trarre benessere da elementi *esterni* alla nostra mente (vivere unicamente di sé stessi, dei propri pensieri e della propria immaginazione sarebbe impossibile, o comunque patologico), è comunque sempre giusto allenarsi perché nessuno di questi elementi *monopolizzi completamente* i nostri pensieri e le nostre emozioni. Il che può essere ottenuto innanzitutto ricordandoci sempre che il mondo e la vita *sono molto di più di ciò che quotidianamente ci circonda.* Che se abbiamo il coraggio di guardare oltre, anziché di attaccarci a pensieri distruttivi, qualora queste cose finissero ce ne saranno sempre molte altre a sostenere il nostro spirito. E poi mettendo concretamente la nostra esistenza, i nostri interessi, il nostro lavoro, le nostre aspettative al servizio di più elementi. Ponendoci un ventaglio di obiettivi importanti anziché ambire ad un obiettivo solo. Imparando a trarre benessere da ogni relazione umana anziché da quelle con le poche persone a noi spiritualmente più vicine. Espandendo la nostra mente verso più orizzonti, più mete, più stimoli. Perché il benessere, l'amore, la sicurezza, sono dentro di te e gli oggetti, le cose, le persone che ti fanno stare bene sono un riflesso di sensazioni già presenti nel tuo animo. E se queste incarnazioni cambieranno o finiranno semplicemente *ne troverai di nuove su cui proiettare il meglio di te.* Il tuo corpo e la tua mente sono semplicemente *costruiti per questo.*

II - Convivi con i tuoi limiti

"Se non puoi esser pino in cima la collina,
sii pruno nella valle;
Se non puoi esser albero, sii cespuglio
- ma sii sempre il più bel cespuglietto accanto al ruscello.
Se non puoi esser cespuglio,
sii dell'erba e abbellisci come puoi la strada maestra;
se non puoi esser muschio,
sii alga, ma l'alga più graziosa del laghetto."
(Douglas Malloch)

L'atto di "convivere con i propri limiti" è profondamente legato a quando, nel precedente capitolo abbiamo parlato di "accettare tutto ciò che non ci piace".

Enorme causa di infelicità e frustrazione umana è difatti da individuare nella distanza mentale che si viene a creare tra ciò che l'uomo desidera e ciò che l'uomo ha. Tra *ciò che vorrebbe da sé e ciò che effettivamente crede di essere in grado di realizzare*. Quando si apre quello sconfortante abisso tra volere e potere. E pertanto un ulteriore, fondamentale passo nel nostro percorso di "guerrieri spirituali" del mondo moderno consiste nell'imparare ad accettare serenamente i propri limiti. Non nel senso di doversi rassegnare ad una vita modesta e priva di sogni od ambizioni: accettare un proprio limite in maniera obiettiva e priva di filtri pregiudiziali infatti vuol dire anche avere un punto di partenza da cui capire se e come poterlo superare. Ma anche quando ciò non è possibile si collima quella distanza che si viene a creare tra volere e potere, con tutta la tensione che ne scaturisce. La mente si riempie di calma e serenità, ed ogni cosa sembra essere più leggera.

Se vuoi dunque continuare il tuo percorso da "guerriero spirituale" impara a perdonarti più cose. Ad essere meno duro con te stesso. Comprendendo che come ogni altra persona su questa terra, comprese quelle più capaci, geniali e di successo, non puoi e non devi assolutamente pensare di essere perfetto, né di essere in grado di sapere tutto o di riuscire a fare tutto con facilità in qualunque situazione. Piuttosto dovrai sempre e comunque affrontare delle difficoltà e degli immodificabili dati di fatto a cui sottostare durante il tuo percorso di vita. E l'unica cosa che potrai sempre fare è cercare, sulla base di essi, di *fare del tuo meglio ed il tuo massimo con ciò su cui invece potrai effettivamente intervenire, provando a commettere quelle che ipoteticamente, sulla base della tua conoscenza, sarebbero le azioni giuste nei momenti e nei posti giusti.* Non puoi né potrai mai pretendere da tè stesso nulla di più.

Accetta i limiti oggettivi

Visto che la cosa è assai frequente per molte persone, cerca di *non cadere mai in quelle trappole di pensiero che ti faranno credere che in qualche modo sia possibile cambiare ciò che nessun altro uomo può cambiare*, perché soffrirai solo, scontrandoti continuamente con limiti al di là dei tuoi poteri e della tua natura.

Cose come un accaduto passato, la nostra natura umana con tutte le sofferenze che ne conseguono, la complessità stessa del mondo con tutti i problemi che ne conseguono, l'indole di certe persone, il continuo ciclo universale basato sull'avvicendarsi di cambiamenti, vita e morte, fanno parte di una sorta di ordine delle cose su cui nessun essere umano è tenuto ad intervenire.

E dunque sei solo tu, nel tuo intimo desiderare di poterle cambiare, nel tuo anelare al fatto che possano essere in qualche modo differenti, a consentire a queste cose di farti più male del dovuto. Non che debbano piacerti per forza, ma visto che comunque nessuna forza da te controllabile può modificare simili dati di fatto, la cosa migliore che potrai fare sarà allenarti ad *accettarli e sfruttarli.* E quindi a cercare da un lato di *provare a dedurne nuovi aspetti in grado di renderteli più tollerabili*, se non addirittura costruttivi o gradevoli, e dall'altro di *capire come potrai muoverti al meglio sulla base di essi*, focalizzandoti sul dirigere al meglio i tuoi sforzi verso ciò che invece risulta da te controllabile.

"Concedimi la serenità di accettare le cose che non posso cambiare, il coraggio per cambiare quello che posso e la saggezza per riconoscerne la differenza"
(Sant'Agostino)

Per aiutarti all'accettazione di queste realtà puoi vedere, anche ricercando tra esempi concreti e testimonianze, quanto i limiti umani, ed il soffrire di fronte ad essi, per quanto l'orgoglio e le formalità impongano troppo spesso di nasconderlo, siano comuni ad ogni individuo senza alcuna eccezione. Perché a volte, lo so, è veramente dura, ma come detto già alcune pagine fa, sentirsi meno soli aiuta tantissimo.

Usa i limiti per crescere e costruire

In realtà avere dei limiti non è solo inevitabile, ma è anche *necessario*: senza dei dati di fatto da prendere come punti di riferimento, e senza dei limiti a guidarci nelle nostre scelte, sarebbe impossibile gestire le nostre sempre e comunque limitate forze. Non sapremmo mai come e dove concentrare le nostre energie, e sarebbe molto difficile prendere delle scelte in campi troppo vasti.

Infatti, data la certezza di avere una limitazione, saremo sia ben concentrati sul punto verso cui indirizzare le nostre energie, che naturalmente spronati a fare del nostro meglio al suo interno. Una limitazione infatti in realtà, quando non diviene troppo restrittiva, *aguzza l'ingegno, la creatività e la determinazione*. Se per esempio abbiamo poco tempo a disposizione per fare qualcosa, sicuramente punteremo a sfruttarne il 100%. Se abbiamo pochi comandi per far funzionare un macchinario, ci concentreremo sul miglior uso possibile di quelle leve e di quei pulsanti.

L'importante pertanto non è avere una quantità illimitata di scelte, od opzioni perfette, ma avere una gamma di possibilità accettabili, *scegliere bene sulla base di ciò che si ha e si conosce, e poi fare del proprio meglio con la strada che si intraprende.*

Distingui tra limiti oggettivi e limiti mentali

Non tutti i nostri limiti, ovviamente, discendono da dati di fatto oggettivamente intoccabili. Altre volte infatti abbiamo a che fare con elementi che, consapevolmente o meno, *scegliamo noi stessi di assumere come dati di fatto.* Dire per esempio "questo è così e non può essere diversamente", oppure "questo non posso e non potrò mai farlo" senza prima avere indagato su quanto l'affermazione in questione sia effettivamente vera, è un esempio di limite mentale autoimposto.

E così come a volte può essere conveniente usare tali limiti per "crescere e costruire", altre volte dobbiamo stare attenti, perché spesso problemi molto grossi nascono proprio dal fatto che *accettiamo di prendere per dati di fatto dei limiti che si rivelano invalidanti al fine dei nostri desideri, dei nostri progetti, o della nostra sensibilità.*

Può accadere per abitudine, per pigrizia, per paura, per necessità di coerenza, oppure per conoscenza errata od imparziale di sé stessi o delle cose nel mondo. In ogni caso capita spessissimo nella vita di chiunque di non riuscire a guardare al di là di un presunto dato di fatto, oppure di riuscire anche a scorgere delle alternative ma di reputare erroneamente di non essere in grado di afferrarle.

Dunque *allenati sempre a guardare oltre ciò che sei abituato a guardare.* Renditi conto che l'impossibile, il "non posso", il "non ne sono in grado" spesso sono opinioni, preconcetti derivati dalle proprie esperienze parziali, a volte saggi da accettare, ma che altre volte, specialmente se ci troviamo di fronte all'esigenza di ottenere risultati che trascendano tutto ciò che abbiamo ottenuto fino ad un determinato momento, dobbiamo combattere con tutte le nostre forze. E già una volontà piena e convinta, che ci spinga senza esitazione ad andare laddove usualmente non andremmo, riuscirà a fornirci infiniti spunti per realizzare cose straordinarie.

Difatti si può tranquillamente affermare che ogni uomo ha un *potenziale* in termini di ciò che può essere, dire, fare, costruire; e che questo potenziale costantemente viene *limitato* dalle sue stesse abitudini, dai suoi stessi preconcetti, dalle persone che lo circondano, da certe forme di "cultura dominante", e generalmente da tutto ciò che di "negativo", svilente, mortificante, ha inevitabilmente assorbito durante le proprie esperienze di vita. E questo è un argomento che approfondiremo ulteriormente tra qualche pagina.

"Se tutti noi facessimo le cose che siamo realmente capaci di fare, stupiremmo completamente noi stessi."
(Thomas Edison)

Per ora però limitiamoci a sottolineare la verità che se non abbiamo prima il coraggio di accettare, guardare in faccia e comprendere per bene i nostri limiti concreti, senza ingrandirli eccessivamente né sottovalutarli, non potremo mai nemmeno capirli fino in fondo. E quindi non potremo mai nemmeno valutare, sulla base della nostra sensibilità, dei nostri obiettivi, delle energie, del tempo e delle risorse a nostra disposizione, se converrà:

- **Superarli:** non siamo in grado di acquistare un prodotto perché non abbiamo abbastanza denaro (limite) → lavoriamo per procurarcelo
- **Sfruttarli:** non siamo in grado di acquistare un prodotto perché non abbiamo abbastanza denaro (limite) → cerchiamo di farcelo regalare, ce lo procuriamo di importazione a meno, etc.

"Due insegnanti di Zen, Daigu e Gudo, furono invitati a far visita a un gran signore. Appena giunti, Gudo disse al signore: "Tu sei intelligente per natura, e hai una innata predisposizione a imparare lo Zen". "Sciocchezze" disse Daigu. "Perché stai adulando questo stupido? Sarà un signore, ma di Zen non sa proprio niente". Così, invece di costruire un tempio per Gudo, il signore lo costruì per Daigu e studiò lo Zen con lui."
(Storia Zen)

Usa il modello delle sei forze

Ammettiamo che tu abbia fatto le giuste valutazioni. Ammettiamo che tu ti sia reso conto di *dovere e di potere superare un tuo limite.* A quel punto basterà valutare:

- Quanta **forza** sei disposto ad impiegare, intesa genericamente come energia fisica, mentale, di sopportazione delle sofferenze o della noia, forza d'animo, combattività, etc.
- Quante **rinunce** puoi accettare, intese come rinunce alle tue certezze, ai tuoi averi, alla tua tranquillità, alla tua sicurezza, alla tua stabilità, ad una tua abitudine, ad un tuo preconcetto, etc.
- Quanti **rischi** sei disposto a correre, visto che i rischi sono sulla porta delle stanze meno visitate, e quindi spessissimo anche più pregne di risultati.
- Quanta **creatività** vuoi impiegare. Quanta capacità di sapere inventare, vedere e percorrere anche strade che vanno al di là dell'ordinario, del sapere e della conoscenza comune. Al di là di ciò che tutti gli altri comunemente fanno, sanno o vedono.
- Quanto **ingegno** applicare. Quanta volontà di applicare tecniche e metodi più complessi e meglio organizzati che, in quanto tali, sappiano adeguatamente trarre il massimo da ogni atomo di energia o risorsa che hai a disposizione.

• E quanto **tempo** vuoi dedicartici, che sia inteso nell'accezione di breve, medio, e lungo termine.

E che quindi maggiore sarà l'impiego quantitativo, ma soprattutto qualitativo di tali risorse all'interno dei tuoi progetti, delle tue azioni e delle tue scelte, e più sarai in grado di trascendere ogni risultato ottenuto fino ad oggi (ovviamente finché non si provino a contraddire evidenze incontestabili, o regole che coordinano l'ordine naturale delle cose).

"Non ho un'intelligenza superiore o uno sguardo affascinante. Non riesco a correre il miglio in meno di sei minuti o a conquistare una platea con un discorso. Ma riesco comunque ad avere successo perché continuo a lavorare quando tutti vanno a dormire."
(Greg Evans)

"Se vuoi ottenere risultati che non hai mai ottenuto, innanzitutto credici più di quanto tu non ci abbia mai creduto. Poi sacrifica più di quanto tu abbia mai sacrificato. Mettici più di quanto tu ci abbia mai messo. Preparati a dare, fare e sopportare più di quanto tu abbia mai dato o sopportato. Caccia il coraggio che non hai mai cacciato. Sii creativo, originale ed ingegnoso come non lo sei mai stato. Incamera informazioni che non avevi mai provato ad incamerare. Ed aumenta od ottimizza il tempo che dedichi alle tue attività."
(Yamada Takumi)

"Orville e Wilbur Wright sono riusciti a volare perché hanno aggiunto qualcosa! Molti scienziati sono stati sul punto di inventare l'aeroplano prima dei fratelli Wright, i quali usarono gli stessi principi impiegati dagli altri. Però aggiunsero un quid: crearono una nuova combinazione, sicché riuscirono dove gli altri avevano fallito. Il quid in più era piuttosto semplice: attaccarono particolari linguette mobili ai margini delle ali in modo che il pilota potesse controllarle, mantenendo l'equilibrio dell'aereo. Tali linguette erano i precursori dei moderni alettoni. Vi è un denominatore comune nelle storie di successo. Il fattore segreto è sempre

l'applicazione di un fattore mai applicato in precedenza. Tale fattore fa la differenza. Pertanto, se vi trovate sulla soglia del successo senza riuscire a oltrepassarla, cercate di aggiungere qualcosa. Non è necessario che sia qualcosa di speciale o di imponente. Piccole linguette sono bastate per permettere all'aereo di volare quando gli altri cadevano. Il quid non è necessariamente di genere quantitativo: ciò che conta è la "qualità ispirata"."
(Napoleon Hill)

"Salvo ciò che trascende alcune leggi naturali, non esistono risultati impossibili. Esistono solo mete alle quali abbiamo scelto di rinunciare onde risparmiare tempo, denaro, salute, risorse, o ingegno. Ed il problema non è tanto questo, quanto che spesso tale rinuncia è stata fatta inconsapevolmente, meccanicamente, lasciando che il subconscio l'affidasse a timori o preconcetti, senza avere mai valutato realmente tutte le opzioni possibili, né aver realmente considerato se in fin dei conti ci costi di più la spesa, o le rinunce a cui ci sottoporremo onde evitare la prima."
(Yamada Takumi)

"Cercando l'impossibile, l'uomo ha sempre realizzato e conosciuto il possibile, e coloro che si sono saggiamente limitati a ciò che sembrava possibile non sono mai avanzati di un sol passo."
(Mikhail Bakunin)

Non posso... ma posso...

Per allenarti ulteriormente alla valutazione dei tuoi limiti, allenati a ragionare con la frase "Non posso, e la cosa non deve piacermi per forza, ma posso fare del mio meglio per...".

È una tecnica utilissima per acquisire una prospettiva più ampia sul tuo relazionarti con le cose che ti circondano. Dopo il "Non posso..." aggiungi un dato di fatto che non sarai in grado di modificare, e dopo il "Posso fare del mio meglio per…" aggiungi qualcosa su cui sicuramente sarai in grado di intervenire al meglio.

Per esempio: "Non posso risolvere tutti i problemi del mondo, e la cosa non deve piacermi per forza, ma posso fare del mio meglio per dare benessere e felicità a quelli che mi circondano".

Il riconoscimento dei dati di fatto e la conseguente focalizzazione su elementi "modificabili" è qualcosa che dà molta serenità e tranquillità, fa riflettere sul senso di sé ed aiuta a comprendere come ottenere il massimo delle soddisfazioni senza scontrarsi continuamente ed inutilmente contro un muro.

III – Sfide

"C'è un solo modo per individuare con certezza l'eroe in una storia: l'eroe è quello che ha imparato di più, che alla fine è cambiato di più. Nei film della serie Guerre Stellari, sia Luke Skywalker che Darth Vader sono eroi. Non lo sono fin dall'inizio ma lo diventano grazie al modo in cui rispondono alle sfide che gli vengono lanciate."
(Joseph 'O Connor)

Recitò Victor Frankl, psichiatra ebreo incarcerato dai nazisti durante la seconda guerra mondiale: "Le persone sono pronte a caricarsi di qualunque sofferenza, purché vedano in essa uno scopo". Egli infatti, osservando chi sopravviveva nei campi di concentramento tedeschi (nda: e tu ti lamenti di vivere in un mondo di merda?), arrivò a comprendere che il vero discriminante alla base della sopravvivenza non consisteva nell'età o nella salute fisica, ma nella capacità di dare un senso alla propria esperienza, per quanto terribile essa fosse. E questo è solo uno degli innumerevoli casi che può testimoniare come l'atto del dare un senso alla sofferenza cambi completamente la percezione della propria esperienza in merito ad essa.

Colui che fa lo sciopero della fame, per esempio, può subire il dolore fisico e comunque trasformarlo in una soddisfazione morale, focalizzandosi sull'impatto positivo che la sua azione provocherà sul resto del mondo nel mettere in rilievo una causa meritevole, mentre se fosse costretto da qualcun altro a non mangiare dalle circostanze non ne ricaverebbe che sofferenza. Stesso discorso ancora si può fare per l'atleta che fa grossi sforzi per allenarsi. Se lo stesso dolore gli venisse inflitto gratuitamente non farebbe altro che crederlo ingiusto e terribile, invece di puntare addirittura a ricercarlo costantemente.

In quanto "guerrieri spirituali" cerchiamo quindi sempre *di dare un senso costruttivo ad ogni nostro dolore, ad ogni nostra paura, ad ogni nostra frustrazione.* Per esempio ognuno di essi può essere innanzitutto una preziosa occasione per affinare la nostra calma, la nostra pazienza, la nostra forza, la nostra determinazione, la nostra conoscenza, il nostro ingegno. Un'occasione quindi per potenziare tutto ciò che c'è di migliore in noi, e per costruire qualità che potranno far vivere a noi ed a chi ci circonda una vita piena e felice.

Ogni problema può essere una vera e propria sfida postaci dalle circostanze. Qualcosa che ci metta alla prova, che ci faccia chiedere se dovremo subire passivamente le spiacevolezze che incontriamo, o siamo disposti a sviluppare tutto ciò che serve per maturare onde affrontarle, superarle, ed uscirne rigenerati, rinnovati, potenziati.

"Pensala come se i tuoi problemi, i tuoi ostacoli, qualunque entità esteriore od interiore che ti impedisca di raggiungere un obiettivo o la semplice serenità, fossero creati da tuoi nemici, da gente che ti odia e ti vuole vedere annichilito moralmente e psicologicamente. Se ti rassegni allo stato delle cose, se ti arrendi al peggio, se cedi allo sconforto ed alla disperazione, farai semplicemente la loro gioia. Ti comporterai esattamente come loro vogliono che tu ti comporti. Se li combatti sempre e comunque invece, magari non li sconfiggerai ogni volta, ma sicuramente li spiazzerai, li sconvolgerai, darai loro un bel po' di filo da torcere."
(Yamada Takumi)

"A volte lo stress sarà insostenibile, gli ostacoli sembreranno insuperabili, la paura invaderà il tuo cuore, e ti sembrerà di non potercela fare. Ma sappi che tutto questo non vuole dimostrarti che non ce la farai, che devi rinunciare, che devi starne fuori. Serve solo a farti capire quanto ci tieni, ed a mostrarti quanto sei disposto a combattere per raggiungerlo."
(Randy Pausch)

E se faremo la scelta giusta allora ogni problema, ogni sofferenza, diverrà un'opportunità per cogliere nuove esperienze, nuove informazioni, nuovi spunti, nuova ricchezza, nuove idee. Ed alla fine arriveremo da soli alla consapevolezza che, se non si soffrisse mai e non si avesse mai a che fare con alcun problema, non ci sarebbe neanche mai l'occasione per sviluppare ciò che serve per superare certi ostacoli, mentali o pratici che siano, e quindi *non ci sarebbe mai evoluzione*. Il nostro spirito sarebbe debole, le nostre conoscenze scarse, le nostre idee vaghe, e tutt'intorno sarebbe morto, piatto, noioso ed informe.

"Un discepolo di poco valore utilizza l'influenza dell'insegnante. Un discepolo mediocre ammira la bontà di un insegnante. Un buon discepolo diventa forte sotto la disciplina di un insegnante."
(Detto Zen)

"Più grande è la sfida e più c'è da imparare. Tutto dipende semplicemente dal modo in cui decidiamo di affrontare le cose."
(Roy Martina)

"Quando le acque salgono, la barca fa altrettanto. In altri termini, di fronte al bisogno l'ingegno si aguzza. È vero che gli uomini coraggiosi coltivano tanto più assiduamente le loro qualità quanto maggiori sono le difficoltà con le quali si confrontano. È un errore imperdonabile lasciarsi abbattere dalla prove."
(Yamamoto Tsunetomo)

"La crisi è la più grande benedizione per le persone e le nazioni, perché la crisi porta progressi. La creatività nasce dall'angoscia come il giorno nasce dalla notte oscura. È nella crisi che sorge l'inventiva, le scoperte e le grandi strategie. Chi supera la crisi supera sé stesso senza essere 'superato'. Chi attribuisce alla crisi i suoi fallimenti e difficoltà, violenta il suo stesso talento e dà più valore ai problemi che alle soluzioni. La vera crisi, è la crisi dell'incompetenza. L'inconveniente delle persone e

delle nazioni è la pigrizia nel cercare soluzioni e vie di uscita. Senza crisi non ci sono sfide, senza sfide la vita è una routine, una lenta agonia. Senza crisi non c'è merito. È nella crisi che emerge il meglio di ognuno, perché senza crisi tutti i venti sono solo lievi brezze. Parlare di crisi significa incrementarla, e tacere nella crisi è esaltare il conformismo. Invece, lavoriamo duro. Finiamola una volta per tutte con l'unica crisi pericolosa, che è la tragedia di non voler lottare per superarla."

(Albert Einstein)

"In un certo senso, i periodi di crisi sono fondamentali, perché sono quelli in cui finalmente si rivelano problemi che magari erano rimasti da tempo nell'ombra ad ordire trame sotterranee. Quindi il periodo di crisi è il momento in cui essi stessi si predispongono al confronto diretto, e pertanto a carte scoperte diviene più facile individuarli e combatterli. La tensione stessa che scaturisce dalla crisi poi ci carica, ci motiva, fortifica corpo e mente, e ci rende più adatti alla battaglia che si prospetta."

(Anonimo)

Difatti, ancora una volta, non dimenticare mai che per quanto certi problemi siano inevitabili, è esclusivamente in tuo potere il non consentire a ciò che ti fa male di travolgerti ed allontanarti da tutto ciò che ti può fare bene. Sta a te evitare di finire come tutte quelle persone che, dando esclusivo controllo delle proprie scelte ai propri dolori, finiscono per abbandonarsi, per lasciarsi lentamente morire. Sta a te gestire la tua vita nel modo in cui desideri, ed a te tirar fuori la forza per impedire ai problemi di farti perdere la tua identità, la tua volontà, la tua speranza, la tua felicità e la tua idea di bellezza. In fondo è proprio questa la tua unica, vera, grande sfida come "guerriero spirituale" del mondo moderno. *Ne sarai all'altezza?*

IV - Ascoltati e cura

"Ogni difficoltà su cui si sorvola diventa un fantasma che turberà i nostri sonni."
(Frederick Chopin)

Come visto qualche pagina fa, se è vero che senza "accogliere" ed "accettare" prima il dolore dentro di noi non potremo mai depotenziarlo abbastanza da riuscire a debellarlo, viene da sé che una "chiave" fondamentale per trasformarlo da debilitante a potenziante è nell'imparare ad *ascoltarci sinceramente*: ogniqualvolta una cosa ci fa male, il segreto da cui partire è infatti non rassegnarci a ciò che suggerirebbe la sensazione "di per sé", ma cercare di:

- *Capire cosa di preciso ci fa male e perché di preciso ci fa male.* Qual è il "nucleo" di tutto il problema, l'aspetto che mina realmente la nostra sensibilità.

- *Spiegarcelo in maniera chiara e completa;* ciò infatti ci aiuta a diventare da "schiavi" ad "osservatori" del pensiero, e quindi a non "subire" automaticamente le nostre sensazioni. Liberarsi della "vaghezza" di un messaggio emotivo e forzarci a razionalizzare inoltre spesso è la via migliore per incentivare il processo verso la ricerca di una soluzione.

- *Accettarlo;* accettare da un lato che le cose sono in un certo modo perché "non poteva essere altrimenti". E dall'altro che se esse ci feriscono è perché abbiamo una sensibilità ed ogni dolore è il risultato del nostro naturale istinto di auto-preservazione. Ricorda quanto detto anche alcune pagine fa: più soffriamo, e più ricordiamo a noi stessi ciò che per noi realmente conta.

- *Stare attenti a se le risposte che ci siamo dati siano oneste o ci stiamo rifiutando di ammettere qualcosa con noi stessi.*

Questo procedimento può di per sé non essere per nulla semplice, ma le tecniche che seguono potranno sicuramente aiutarci ad approfondire e migliorare ulteriormente la nostra indagine:

Il "trauma passato"

Nel 99% dei casi un problema che ci fa soffrire più e più a lungo di quanto dovrebbe, un umore che tarda a migliorare, una sensazione di ansia che fatica a smaltirsi, paure irrazionali che spuntano fuori all'improvviso, sono tutti "errori mentali" causati da qualcosa che ci siamo nascosti, che abbiamo ignorato, che abbiamo tralasciato troppo a lungo. Figli di un cambiamento che in qualche modo ha alterato il senso che abbiamo di noi e delle cose che ci circondano, e che in quanto tale facciamo fatica a processare. Nel qual caso può essere vitale chiederci:

- *Se la cosa che "credo" mi stia facendo male in questo momento sparisse starei davvero meglio o mi costruirei semplicemente un altro involucro in cui riversare le mie ansie, le mie paure e le mie preoccupazioni?*

- *Sono sicuro di non aver riversato su "involucri più alla mia portata" qualche sensazione più antica, nascosta, dimenticata, repressa? Qualcosa dovuto a problemi più importanti o sofferenze più profonde che non ho adeguatamente affrontato?*

- *Cosa di recente è cambiato sostanzialmente? Faccio fatica ad accettare o processare questo cambiamento?*

- *Cosa di recente potrebbe avermi "traumatizzato"? Cosa, nell'alterare, lo stato delle cose, ha avuto senza alcun dubbio un diretto impatto sulla mia condizione mentale?*

- *Cosa sto ripetutamente ignorando o reprimendo pur di salvaguardare la mia tranquillità, la mia integrità, pur di evitare cambiamenti che potrebbero rivelarsi "troppo" stressanti?*

E qualora nel tuo procedimento di introspezione tu riesca ad identificare una precisa esperienza (od un preciso insieme di esperienze) responsabile del tuo stato animo, del tuo sentirti triste, afflitto, depresso, impaurito, prova a "debellarne" l'aura negativa:

- **Contestualizzandola**, non scaricandone più tutte le responsabilità su di te, sulla cattiveria degli altri o sulla malvagità del destino, ma dandole un contesto più ampio, obiettivo e razionale. Comprendendo come tu l'abbia vissuta con degli occhi e dei sentimenti che dipendevano unicamente dalla limitatezza della tua prospettiva di allora, e quindi come tale prospettiva possa essere ridefinita.

- **Cercando di trattare adeguatamente tutti i problemi pratici** che sono scaturiti da quell'esperienza. Da un lato cercando di risolverli se possibile, ripararne o limitarne i danni se possibile. Ed impegnandosi dall'altro lato per costruirsi nuove certezze, che sappiano degnamente sostituire quelle eventualmente perdute e siano ragionevolmente destinate a rimanere stabili. Il tutto ovviamente tenendo sempre presente che la prima e più importante certezza di cui poter fare tesoro sarà sempre quella di poter contare su una mente salda, forte, calma, combattiva.

"Se riesci ad andare a ritroso e a dipanare la tua vita, insieme a quel dipanarsi scompariranno completamente molti mali."
(Osho)

Espandi la prospettiva sul problema

Una volta che hai imparato a guardarti dentro, ad "estrarre" la spiegazione al tuo dolore e sei certo che essa sia onesta, completa e non lo specchio di qualcosa di diverso, pensa semplicemente che c'è di più di quello che la mente ti suggerisce d'impulso. Perché tutti noi, nel venire istintivamente sopraffatti da ciò che ci fa male, sceglieremo sempre di enfatizzarne solo il lato più tragico, quello più negativo e soprattutto, quello più *auto-perpetuante.* Ossia, non solo veniamo costantemente calamitati da un pensiero "fasullo" ed esagerato, ma scegliamo spesso di abbracciare messaggi che ci facciano rimanere in tale stato piuttosto che quelli che ci consentirebbero di analizzare la situazione in maniera razionale ed obiettiva. In questo modo noi, i nostri pensieri ed i nostri atteggiamenti finiamo per essere gli unici, veri creatori e sostenitori del problema.

La "cura" a tutto ciò è tuttavia semplice: sforzati di capire che il tuo punto di vista, in quanto tale, può essere allargato, modificato, migliorato. Basta lo sforzo di "staccarti" dalle tue pulsioni più immediate; staccarti da quella volontà subconscia di *perpetuare lo star male,* abbandonare le prospettive più lesive e chiederti una volta in più se non le stai continuando a coltivare semplicemente per un moto di orgoglio, abitudine, attaccamento. Per necessità di "mostrarti afflitto" o di tenere impegnata in qualche modo la mente per distrarla da altro. Ma soprattutto, basta non accettare mai di divenire schiavo della peggiore prospettiva sul problema stesso e potrai "automaticamente" capire:

- *Che molto probabilmente stai esagerando nella tua raffigurazione ed il tuo problema permea ed influenza molte meno cose di quelle che credi.*

- *Che il tuo problema contiene anche aspetti positivi a cui non avresti mai pensato.*

- *Che non sei solo al mondo nello stare fronteggiando o nell'aver fronteggiato un problema simile, ma che anzi molto probabilmente, in questo stesso momento nel mondo, qualcuno ne sta combattendo uno assolutamente identico, laddove non peggiore.*

- *Che il problema è molto meno grave e molto più risolvibile di quello che senti.*

- *Che "non hai bisogno" di attaccarti ai tuoi pattern più lesivi, in quanto puoi mantenere la consapevolezza di ciò che ti piace e ciò che non ti piace, di ciò che devi fare e ciò che non devi fare, anche senza farti condizionare eccessivamente o troppo a lungo dalle emozioni che ne conseguono.*

- *Che la situazione che stai affrontando, nonché la tua stessa vita, non sono solamente la tua afflizione del momento, ma molto di più. Basterà guardarti intorno e troverai un'infinità di persone, elementi, prospettive con cui risolvere le cose, superarle, trarre nuova forza ed energia. Insomma è praticamente certo che, nonostante l'esistenza del problema, lì fuori ci sia ancora un immenso potenziale da sfruttare. Tutto sta nel coraggio di scorgerlo ed imbracciarlo!*

"Il problema non è il problema. Il problema è il tuo atteggiamento rispetto al problema. Comprendi?"
(dal film "La Maledizione del Forziere Fantasma")

"L'abilità nel non ingigantire i problemi permette ai vincenti di non cadere preda dell'idea del "problema dilagante". Invece di dire, "siccome mangio troppo, la mia vita è rovinata", potrebbero dire "ho una sfida con la mia abitudine di mangiare troppo" e in tal modo essi si focalizzano su come migliorare il loro comportamento."
(Anthony Robbins)

"Zittire" il problema

Non tutte le informazioni provenienti dal nostro cervello sono utili, ma molte di esse servono semplicemente a mantenere in funzione quell'inutile meccanismo "auto-perpetuante" della sofferenza di cui abbiamo parlato poco fa, senza mai davvero guidarci né verso l'origine del problema reale da cui deriva né verso la sua possibile soluzione. Dunque, come esercizio parallelo e complementare agli altri due, prova a sospendere semplicemente l'attenzione sui pensieri che generano tensione e, se ciò ti semplifica ulteriormente il procedimento, focalizza la tua attenzione su tutt'altro.

Inutile dire che questa tecnica diviene inefficace o controproducente nel momento in cui si traduca in un ignorare il problema originale. Però può sempre andare bene per problemi "piccoli e fastidiosi", per quelli a conti fatti privi di soluzione, o per quelli per i quali si sta contemporaneamente cercando di trovare ed applicare una soluzione più radicale.

"Osservate con distacco i vostri pensieri come osservate con distacco il volo lontano degli uccelli nella pace della sera. Quando nasce un pensiero, piacevole o spiacevole, non fatevene intrappolare e non diventate schiavi."
(Il Buddha)

V - Da spade a spighe

"Non importa quanto la cosa sia mediocre, o imperfetta, o addirittura maligna. Traine sempre e comunque le massime risorse traibili."
(Yamada Takumi)

Quello che faremo in questo capitolo è cercare di capire come applicare quest'arte attraverso qualcosa che potrebbe essere semplicemente chiamato "pensiero positivo", sebbene non adori quest'accezione. Quando si parla di "pensiero positivo" spesso si tende ad immaginare un ottuso, ingenuo e forzoso dolcificatore di ogni circostanza. Tale arte divina del "saccheggiare ciò che brucia" è invece qualcosa di molto più sofisticato e complesso: essa infatti non ignora assolutamente la possibilità, durante il proprio percorso di vita, di avere a che fare con problemi, critiche, ostacoli, fallimenti, incidenti, rifiuti. Non si fonda sull'infantile illusione che tutto possa andare sempre al meglio ma anzi, si regge salda sull'accettazione di qualunque tipo di spiacevolezza; il vero saggio sa infatti che tutto ciò "fa parte del gioco" ed è sempre consapevole che in ogni singola epoca storica, da quella di maggiore abbondanza a quella di più infima rovina, chi ha ottenuto di più dalla vita è proprio chi ha saputo andare oltre le sventure, resistendo prima al loro iniziale "contraccolpo" e poi lanciandosi la sfida di "saccheggiare" il meglio anche dalle peggiori di esse.

"La vera misura di un uomo non si vede nei suoi momenti di comodità e convenienza, bensì tutte quelle volte in cui affronta le controversie e le sfide."
(Martin Luther King)

Esploriamo dunque le chiavi fondamentali di tale arte e cerchiamo di capire come farla nostra:

Lasciar fluire l'energia distruttiva

Ormai dovresti averlo capito: non puoi, né potrai mai essere certo al 100% del fatto che le cose vadano come previsto, o che le tue azioni avranno l'effetto sperato. Anzi, tante volte la vita ti offrirà spiacevolezze, sfortune, e delle inevitabili "fasi di calo" nonostante darai il massimo.

Ciò nonostante, ricordati ancora una volta che "sei tu il centro di tutto". Quando ti tiri indietro perché le difficoltà sembrano insostenibili, non sono le difficoltà a farti tirare indietro, sei tu che scegli di tirarti indietro di fronte ad esse anziché combatterle con più vigore e nuove strategie. Quando scegli di accettare quello che ti viene detto da una persona di indole maligna, anziché pensare un istante in più e scegliere, agire diversamente, non è l'altro a comandare i tuoi pensieri, ma sei tu che scegli di fare ciò che l'altro dice.

Insomma, sei tu a scegliere di perdere ogniqualvolta ti lasci "trascinare completamente" da una forza opposta e da tutto ciò che di più distruttivo nel tuo pensiero ne scaturisce.

Ma è proprio quando torni consapevole della tua "centralità" in tutto questo che puoi tornare padrone della situazione. Proprio come l'artista marziale che raggiunge la sua massima abilità quando è completamente centrato sulla propria mente e sul proprio corpo, renditi innanzitutto conto che sta tutto a te, ed una volta che hai nuovamente preso "pieno possesso" della tua abilità, fa' fluire tutte le forze avversarie ed impara lentamente a controllarle. Il che vuol dire:

- **Non rifiutare ciò che provi;** è la tua sensibilità che sta cercando di dirti qualcosa! Se ti sta dicendo solo delle sciocchezze lo capirai dopo averla ascoltata. Ma non calpestarla: se "lasciasse passare" qualunque avvenimento senza mai mandarti un segnale di allerta saresti un mostro!

- **Non rifiutare ciò che è accaduto.** Se l'universo ha deciso di trovarsi in quel preciso stato in quel preciso momento non puoi farci nulla. E tu non puoi combattere l'universo!

- **Resistere.** Dirsi "accetto ciò che provo ma non di divenirne schiavo".

- **Guardare oltre.** Dirsi "accetto ciò che è successo ma non che sia definitivo, totale, irrecuperabile, privo di compromessi o vie d'uscita".

- **Agire.** Prometterti che avanzerai di cento metri ogniqualvolta una sventura ti faccia arretrare di un passo. Il che si ricollega direttamente a quanto esploreremo nel prossimo punto.

"Quando le acque salgono, la barca fa altrettanto. In altri termini, di fronte al bisogno l'ingegno si aguzza. È vero che gli uomini coraggiosi coltivano tanto più assiduamente le loro qualità quanto maggiori sono le difficoltà con le quali si confrontano. È un errore imperdonabile lasciarsi abbattere dalla prove."
(Yamamoto Tsunetomo)

L'acciaio migliore nasce tra le fiamme più roventi

Come diceva Napoleon Hill: "ogni problema contiene in sé il seme di un beneficio uguale o maggiore". Sebbene a volte tale beneficio possa essere realmente difficile da scorgere, basta un semplice cambio di prospettiva per rendersene conto: un rifiuto in amore può essere l'unica buona occasione per comprendere di avere perso tempo con la persona sbagliata. Una gamba rotta l'unica buona occasione per fermarsi qualche giorno a riflettere sulla propria vita. Un problema mai affrontato prima un modo per coltivare doti mai sfruttate prima. Una persona che ci surclassa in una competizione diretta un'occasione per imparare un insegnamento importante.

Il vero saggio sa infatti innanzitutto che ogni cosa "compiuta" coltiva in sé almeno un germe per trasformarsi nel proprio opposto. Come diceva d'altronde Sun Pin, continuatore di Sun Tzu qualche secolo più tardi, è proprio quando un nemico è concentrato che può essere distratto, quando è forte che può essere indebolito, quando è rapido che può essere rallentato, quando è fresco e vivace che può essere sfinito. Nel simbolo dello yin e yang, oltre il punto massimo di ciascuno, non vi è altro spazio se non per il mutamento nel suo contrario. Allo stesso modo, una volta che il problema si è rivelato per ciò che è, una volta che si è espresso al massimo del suo potere, tutto ciò che possiamo fare è aguzzare sensi, ingegno e creatività per cogliere la natura di questo "germe" e favorire così questa sua "trasformazione nel suo opposto" verso il proprio compiersi.

"Secondo il pensiero negativo del mio collaboratore, era impossibile vendere perché non avevano raccolti da cinque anni. Ma io sapevo che avrebbero comprato le polizze proprio perché non raccoglievano prodotti agricoli da cinque anni. Secondo il pensiero negativo del mio collaboratore, era impossibile vendere perché non avevano raccolti da cinque anni. Ma io sapevo che avrebbero comprato le polizze proprio perché non raccoglievano prodotti agricoli da cinque anni. E questo si chiama pensare in senso positivo."
(W. Clement Stone)

Il vero saggio inoltre sa che ogni cosa nell'ambiente che lo circonda ha del potenziale. Non conta quanti "danni" si siano subiti, c'è ancora sempre un potenziale valevole di essere indagato e sfruttato. Potrà essere difficile da afferrare. Potrà essere molto oltre l'ovvio, oltre l'immediato, oltre l'apparente. Nella nicchia, dietro uno strato polveroso, sotto la punta di un iceberg, in un dettaglio, laddove nessuno andrebbe mai a guardare. In un tentativo in più, nel difficile sforzo di assumere una prospettiva completamente nuova o di sperimentare strategie mai sperimentate prima. Ma è lì. Nel non credere a tutto questo e nel dare retta ai propri demoni che gli urlano di arrendersi, di deprimersi, di accettare solo la peggiore connotazione di un problema d'altronde egli semplicemente darebbe, a ciò che vorrebbe vederlo finito, tutto il potere di cui esso ha effettivamente bisogno; pertanto ad ogni evento spiacevole egli si lancia una sfida: *"voglio accettarlo come tale o posso utilizzarlo per crescere, per costruire, per sfruttare ancora meglio il potenziale di ciò che mi circonda?"*.

Perché come disse Albert Einstein, *"È nella crisi che sorgono l'inventiva, le scoperte e le grandi strategie"*. È oggettivo d'altronde che i risultati veramente importanti e duraturi possano nascere solo a partire dal momento in cui decidiamo di prendere atto di una resistenza, innanzitutto interiore, e poi ci assumiamo la responsabilità di effettuare tutto ciò che ci serve per vincerla. E nulla potrà cambiare il fatto che maggiore sarà la resistenza vinta, e maggiori saranno la qualità, l'importanza e l'efficacia del risultato ottenuto.

Come anche accennato nel capitolo "sfide" d'altronde, se non si avesse mai a che fare con alcun problema non ci sarebbe neanche mai l'occasione per sviluppare ciò che serve per superare certi ostacoli, mentali o pratici che siano, e quindi non ci sarebbe mai evoluzione. Come dice lo psicologo Howard C. Cutler e testimoniato dalle storie di quei tanti "figli di" cresciuti nel lusso e che hanno vissuto una vita all'insegna dell'autodistruzione, "se non ci fossero state date in passato le sfide che ci hanno consentito di crescere, oggi saremmo dei veri e propri mostri viziati". Quando invece veniamo messi alle strette, quando affrontiamo una vera crisi, quando veniamo messi con le spalle al muro, si mette in moto la nostra creatività, la nostra determinazione, il nostro ingegno, e tiriamo fuori risorse che neanche credevamo di avere. Il nostro spirito subisce una naturale "fortificazione" di fronte alle avversità, impariamo lezioni che mai altrimenti avremmo imparato, e riusciamo a "saccheggiare" dalla situazione le ricchezze più preziose di sempre.

"Un dolore significa tutto quando ci si rassegna di fronte ad esso e niente quando lo si combatte."
(Yamada Takumi)

VI - Medicine per lo spirito

"Il presidente Truman sopportava lo stress e la tensione del suo ruolo di presidente in tempo di guerra meglio di chiunque altro. Nonostante i tanti problemi da affrontare, la presidenza non lo invecchiò, né esaurì la sua vitalità. A un reporter che gli chiedeva dove trovasse tanta energia, Truman rispose "Ho una trincea nella mia testa". Spiegò che, come un soldato al fronte, per proteggersi si ritirava nella sua trincea mentale, dove niente poteva toccarlo."
(Michael Michalko)

Finora abbiamo preso coscienza della natura della "sofferenza" ed abbiamo familiarizzato con le pratiche di "auto-ascolto" ed "espansione della prospettiva", arrivando a comprendere come *gran parte della sofferenza nasca dal modo distorto in cui siamo abituati a trattare il mondo che percepiamo.*

A questo punto introdurremo quindi qualche pratica "rinforzante e risanante", utile per gestire ancora meglio le nostre sofferenze e lenirne gli effetti dannosi una volta che ne abbiamo preso coscienza. Non tutte le tecniche sono adatte per tutti e non tutte le tecniche sono adatte per tutti i tipi di problema. Starà ad ognuno di noi di volta in volta capire cosa potrà risultare più benefico, efficace e duraturo.

Nervi da guerriero

"Ti dirò una cosa scontata: guarda che il mondo non è tutto rose e fiori. È davvero un postaccio misero e sporco. E per quanto tu forte possa essere, può metterti in ginocchio e lasciarti senza niente per sempre. Né

io, né tu, nessuno può colpire duro come fa la vita. Perciò, non è tanto importante come colpisci, l'importante è come sai resistere ai colpi, come incassi, e se finisci al tappeto hai la forza di rialzarti!"
(dal film "Rocky Balboa")

Utilizza la consapevolezza stessa che hai raggiunto per aumentare la tua letterale "sopportazione" di dolore, paure e frustrazioni. Ovvero prendendo, sì, coscienza dei messaggi che la sofferenza vorrebbe rivelarti, ma nel contempo *ribellandoti alle sua connotazione fisica puramente distruttiva.* Imponendovi il vigore della tua determinazione nel mantenerti saldo su te stesso, nello stringere i denti e nell'andare avanti, sempre, qualunque cosa accada.

L'abbiamo visto nel capitolo "sfide": la sofferenza non è, né sarà mai più potente della capacità umana di reggerla, di sopportarla, di contrastarla, di combatterla. Pensa a quanto può essere forte l'animo umano. Pensa a chi trova il modo di rifarsi una famiglia dopo averla persa a causa di qualche disgrazia, a chi ritrova la forza per riabilitarsi a camminare dopo un grave incidente, a chi riesce a resistere e sopravvivere alla guerra, alle carestie, ai cataclismi. Pensa a tutti coloro che riescono a sopportare, combattere e superare le peggiori situazioni che possono accadere su questa terra.

La terra è piena di uomini che affrontano continuamente prove del genere con coraggio, forza e grinta. E ciò non vuol dire che non stiano male, anzi, probabilmente all'inizio hanno provato un dolore anche molto più grande di quello che avresti provato tu nella loro stessa situazione. *Poi però hanno semplicemente scelto di non lasciarsi trascinare dagli eventi.* Hanno scelto di non permettere ai demoni del proprio dolore, delle proprie paure, del proprio scoraggiamento, di distruggere la propria essenza, la propria sensibilità, i propri desideri, e tutte le esperienze meravigliose che possono ancora scaturire dall'interazione tra sé stessi ed il mondo.

Allenati dunque anche tu a reagire in questo modo. Opponi alle difficoltà l'energia pura con cui caricherai ogni tuo singolo nervo. Sopporta, contrasta, resisti, temprati di fronte al dolore come l'atleta che si fortifica sforzando fino al limite estremo il proprio corpo. Reagisci, combatti, suda, ritenta, persevera. Sii forte e diventa sempre più forte. Trasformati in una roccia inscalfibile. Rendi i tuoi nervi d'acciaio. Poi comprendi il tuo dolore, accettalo, metabolizzalo e convoglialo opportunamente verso azioni costruttive. Ribellati a tutto ciò che vorrebbe che tu lo cronicizzassi, che ti ci arrendessi. Stringi i denti e vai avanti, sempre.

"Dal profondo della notte che mi avvolge,
buia come il pozzo più profondo che va da un polo all'altro,
ringrazio gli dei chiunque essi siano
per l'indomabile anima mia.
Nella feroce morsa delle circostanze
non mi sono tirato indietro né ho gridato per l'angoscia.
Sotto i colpi d'ascia della sorte
il mio capo è sanguinante, ma indomito.
Oltre questo luogo di collera e lacrime
incombe solo l'Orrore delle ombre,
eppure la minaccia degli anni
mi trova, e mi troverà, senza paura.
Non importa quanto sia stretta la porta,
quanto piena di castighi la vita.
Io sono il padrone del mio destino:
io sono il capitano della mia anima."
(William Hernest Kenley)

"Se consentiamo a qualcosa o qualcuno di farci provare paura, tristezza, o rabbia, gli riconosciamo automaticamente un potere su di noi."
(Yamada Takumi)

Ridere

Presa coscienza di ciò che ti fa soffrire, intristire, impaurire, *prova a riderne.* Prendilo in giro, trattalo con superiorità. Ironizzaci, ridicolizzalo, esagerane alcune caratteristiche, riempilo di colore. Immagina di fronteggiarlo con leggerezza, divertimento e spensieratezza. Non per volere sminuire la sua importanza, ma per eliminare quell'aura irrazionale che non fa altro che aumentare il suo potere nel farci provare dolore, paura, rabbia.

Quando deridiamo un problema il nostro modo di percepirlo cambia completamente. Senza contare che l'atto stesso di ridere altera totalmente la chimica del corpo, rilassandolo completamente e rimuovendo tutte quelle tossine che si accumulano con lo stress e la tensione.

E per quanto possa sembrare a volte impossibile ridere di qualcosa, *pensa a tutti i grandi registi, autori ed attori comici della storia.* Molti di essi ci hanno insegnato che è possibile ridere praticamente di qualunque cosa e che, anzi, a volte più la cosa è nera e più può risultare grottescamente comica.

"Talvolta si sente dire: un giorno ti guarderai indietro e riderai di tutta questa storia. Quello che mi chiedo io è perché aspettare?"
(Richard Bandler)

Terza persona

Prova a trattare la reazione naturale della tua mente di fronte ad un problema *come se fosse la reazione di una terza persona.*

Quindi, comportati proprio come se stessi dialogando con qualcun altro: non ascoltarlo quando vuole a tutti i costi smontarti, scoraggiarti, od alimentare le tue paure e le tue frustrazioni. Non dar retta al tuo profeta di sventure od al tuo eterno inquisitore oppure ogni pretesto sarà buono perché tu assuma questo ruolo. Ma prova ad essere il consiglio di un padre, di un maestro, di un consigliere, di un miglior amico, di tutti coloro che ti esortano sempre a stringere i pugni, ad andare avanti, e a procedere per ciò in cui credi, anche di fronte all'inferno. Di chi ti dà un sereno consiglio, un punto di vista diverso, più imparziale, più ragionato. Di chi ti coccola, ti consola, ti sa motivare, e ti sa consigliare la cosa migliore da fare anche di fronte al peggiore degli eventi.

Lascia che il tuo io coraggioso arricchisca quello timoroso. Che quello sereno rilassi l'inquieto. Che quello creativo illumini quello senza idee. Come noi stessi possiamo notare esaminando tutte le circostanze "particolari" in cui queste risorse si sono manifestate, la nostra mente possiede potenzialità molto maggiori di quello che possiamo credere e questo esercizio può aiutarci a portarle allo scoperto in maniera molto rapida e semplice.

Puoi inoltre apporre a questa tecnica una variante: quando hai un problema, prova proprio ad immaginare un dialogo con un'altra persona, reale od immaginaria che sia. Possono essere amici, nemici, parenti, guerrieri, dei, artisti, grandi filosofi del passato. Immaginali mentre ti consigliano, mentre ti trasmettono la loro energia, il loro potere, la loro forza, il loro amore, la loro conoscenza. A volte la semplice immaginazione ben veicolata può dare risultati sorprendenti.

Nuovo vocabolario

Prova a cambiare le parole con cui il tuo cervello ti spiega le tue sofferenze. L'intensità emotiva di un dolore può essere ridotta anche tramite l'uso di espressioni trasmutanti ed addolcenti. Prova a dirti ad esempio "seccato" anziché "arrabbiato". Ma prova anche frasi ancora più tenui come: "mi sento un po' infastidito". Non perdere di vista il significato originale della sensazione altrimenti *ti prenderesti in giro*, ma semplicemente usa l'immenso potere che hanno le parole per "spiegarti" attraverso termini differenti la sensazione che ti affligge, trasformandola da pervasiva a localizzata. Da sopraffattrice a gestibile. Da manto nero e plumbeo a semplice nuvoletta di grigio che può essere spazzata via con un po' di vento.

"Le parole che pronunci con convinzione emotiva diventano la vita che vivi, il tuo paradiso oppure il tuo inferno."
(Anthony Robbins)

Rivoluzione visiva

Prova innanzitutto a capire quali immagini la tua mente ti fa più "istintivamente" visualizzare nel tuo percepire dolore, paura, rabbia. Molto probabilmente maggiore è il "peso psicologico" dell'elemento che stai prendendo in questione e più essa tenderà a trasmetterti immagini piene di elementi inquietanti, pareti anguste, oscurità, volti indifferenti, oggetti deformi, e di tutto quanto rispecchi i tuoi peggiori timori. E tu finirai quasi sempre per immaginarti in vece passiva ed impotente, a subire una serie di circostanze più grandi di te, a fartene schiacciare, laddove non addirittura a lasciartene solo vincere completamente. Cerca dunque di richiamare alla tua consapevolezza "attiva" tale insieme di immagini, prova a "divenirne il regista" e "trasformale": sostituisci le figure inquietanti con altre che siano confortanti, positive, oppure perché no, irriverenti, canzonatorie, prive di qualunque elemento realmente minaccioso. E tu, non vederti mai "subire" il problema in questione, ma visualizzati sempre sicuro, forte, sereno, potente, in grado di gestirlo, di affrontarlo, di dominarlo, di distruggerlo.

"All'inizio dell'era Meiji viveva un famoso lottatore che si chiamava O-nami, Grandi Onde. O-nami era fortissimo e conosceva l'arte della lotta. Quando gareggiava in privato, vinceva persino il suo maestro, ma in pubblico era così timido che riuscivano a batterlo anche i suoi allievi. O-nami capì che doveva farsi aiutare da un maestro di Zen. In un piccolo

tempio poco lontano soggiornava temporaneamente Haku ju, un insegnante girovago. O-nami andò a trovarlo e gli spiegò il suo guaio. «Tu ti chiami Grandi Onde», gli disse l'insegnante, «perciò stanotte rimani in questo tempio. Immaginati di essere quei marosi. Non sei più un lottatore che ha paura. Tu sei quelle ondate enormi che spazzano via tutto davanti a loro, distruggendo qualunque cosa incontrino. Fà così, e sarai il più grande lottatore del paese». L'insegnante lo lasciò solo. O-nami rimase in meditazione, cercando di immaginare se stesso come onde. Pensava alle cose più disparate. Poi, gradualmente, si soffermava sempre più spesso sulla sensazione delle onde. Man mano che la notte avanzava le onde si facevano più grosse. Spazzarono via i fiori coi loro vasi. Sommersero perfino il Buddha nella sua cappella. Prima dell'alba il tempio non era più che il continuo fluire e rifluire di un mare immenso. Al mattino l'insegnante trovò O-nami assorto in meditazione, con un lieve sorriso sul volto. Gli batté sulla spalla. «Ora niente potrà più turbarti» gli disse. «Tu sei quelle onde. Travolgerai tutto ciò che ti trovi davanti». Quel giorno stesso O-nami partecipò alle gare di lotta e vinse. E da allora, nessuno in Giappone riuscì più a batterlo."

(Racconto Zen)

Confronto

Un altro esercizio che puoi fare è quello che consiste nel paragonare la tua situazione, il tuo problema, il tuo dolore a situazioni ben peggiori. L'uomo infatti tende spesso a giudicare le cose della sua vita in base al contesto in cui va a porle, e quando è infelice finisce sempre per paragonare la propria condizione a quella di chi sta meglio.

"Le prove per fare il dottorato mi sembravano davvero dure, ed allora mia madre mi disse: -Pensa che alla tua età tuo padre combatteva contro i tedeschi-"

(Randy Pausch)

Quindi se non ti piaci fisicamente pensa a chi riesce a vivere con entusiasmo pur essendo ancora più svantaggiato fisicamente. Se non ti piace il tuo lavoro pensa alla forza ed al coraggio di chi dà ed ottiene il massimo affrontandone giorno per giorno uno ancora più terribile e logorante. Se trovi dura la prova che stai affrontando in questo momento pensa alla tenacia di chi ha superato prove mille volte più dure. E così via.

Immagina anche le peggiori situazioni vivibili dall'uomo. Pensa a chi in questo momento è nel mezzo di una guerra, sta morendo in un letto di ospedale, o sta patendo la fame in un paese del terzo mondo. Immagina di vivere realmente anche tu queste situazioni, in prima persona, *adesso*. Cerca di rendere l'immaginazione più concreta ed intensa possibile. Arricchiscila di dettagli, emozioni, sensazioni. Prova a prendere per vero il fatto che tutto stia accadendo realmente "ora".

Oppure prova anche a scrivere di vivere situazioni del genere. C'è chi grazie alla scrittura riesce a vivere esperienze ancora più intense di quanto non riesca a fare con la semplice immaginazione.

E poi, in ognuna delle scene che ti prefiguri non dimenticarti mai di riempirle di forza, speranza, determinazione, volontà, ottimismo. Ricordati che non stai evocando circostanze negative per scoraggiarti, ma semplicemente per ricordare come le più magnifiche qualità dell'uomo possano sorgere naturali persino nei contesti più terribili.

Inoltre così riscoprirai una naturale gratitudine nei confronti di ciò che ti circonda. *Sii sempre grato per ciò che di buono ancora ti rimane.* Non usarlo come oppiaceo con cui nascondere i tuoi problemi, ma *traine forza ed energia per affrontarli e combatterli al meglio.*

Respirazione

Un semplice esercizio di respirazione, anche da solo, può consentirci di smaltire lo stress ed allentare le tensioni.

Per svolgere una pratica del genere in maniera ottimale, l'ideale sarebbe posizionarsi in maniera da avere i muscoli non in tensione, poi chiudere gli occhi e procedere inspirando lentamente per qualche secondo fino ad avere i polmoni pieni, fermarsi quindi un paio di secondi e poi espirare lentamente fino a svuotarli. Il tutto cercando di trovare il proprio ritmo di respirazione ideale e ripetendo l'esercizio finché se ne sente il bisogno.

Gratitudine

Anche se questo può sembrare un esercizio intellettuale per "orientalisti" vanesi e modaioli, in realtà è qualcosa di ben più importante e profondo, che realmente può cambiare in meglio il nostro umore, certi aspetti delle nostre giornate ed i modi che abbiamo di percepirle.

È infatti provato come la tendenza ad esprimere gratitudine nei confronti di ciò che ci dà beneficio e ci sostiene abbia moltissimi effetti positivi sulle emozioni, sulla salute fisica, sulla qualità del sonno e sulla soddisfazione generale in tutti i campi della vita. Eppure troppo spesso se anche il solo 5% della nostra vita non va come vorremmo, siamo troppo concentrati su questo 5% per godere della bellezza presente nel restante 95%. Senza contare che il semplice fatto di esserci abituati a qualcosa ci fa dimenticare quanto possa essere meraviglioso, particolare, bello, unico.

Alleniamoci quindi sempre a guardare alla vita in ogni suo aspetto ed a riscoprire l'importanza ed il valore di tutto ciò che ci circonda nella dimensione quotidiana. Innanzitutto sempre ricordandoci che ogni cosa è fatta di un lato positivo ed uno negativo, e pertanto non vale la pena di lasciare che il secondo monopolizzi completamente i nostri pensieri in virtù del primo. E poi abbattiamo le illusioni dell'assuefazione quotidiana provando ad immaginare cosa faremmo o come ci sentiremmo qualora perdessimo e non potessimo avere mai più le cose migliori della nostra quotidianità. Ne guadagneremo in modi che mai avremmo immaginato.

Ricarica emotiva

Focalizzati per qualche minuto su un pensiero particolarmente bello, piacevole o rilassante. Sul ricordo di un momento in cui ti sentivi allegro, forte, energico, propositivo, innamorato. Non andare di fretta, immaginane i dettagli, gli odori, i sapori, così da richiamare in maniera potente la sensazione nella tua mente, riempirti di energia, e purificarti da stress ed influssi negativi di qualunque genere.

Mantra

Il mantra è un esercizio che consiste nella ripetizione prolungata di una parola o di una frase, vocalmente od anche solo mentalmente. Tale pratica ha spesso un effetto straordinario sulla mente umana, avendo la duplice valenza di strumento di autosuggestione e di "valvola di scarico" per le "energie negative" che ristagnano nel cervello.

Per gestire le tue tensioni puoi quindi ripeterti, vocalmente o solo mentalmente, dei piccoli mantra, delle semplici parole o delle vere e proprie frasi adatte a ricordarti qualcosa di importante, a rievocarti qualche immagine significativa, a tenerti vivo nella mente un principio, un valore che ti stia particolarmente a cuore. Oppure a ripeterti qualcosa di incoraggiante, fortificante, rasserenante. Ripeti l'esercizio con costanza nel tempo e ne avrai degli effetti benefici incredibili.

Aprirsi

Molto spesso, un modo molto efficace per ammettere il proprio dolore con sé stessi, e quindi per poterlo gestire e mitigare, è quello di *parlarne con altri.* Aprendosi con le persone giuste infatti non solo è possibile riportare alla luce cose che facciamo fatica ad ammettere con noi stessi, ma potremmo apprendere *nuove prospettive utili*, di quelle che da soli non eravamo in grado di scorgere.

"Il dolore è ancor più dolore se tace."
(Giovanni Pascoli)

Se vuoi stare meglio, dunque, semplicemente *parla con qualcuno di ciò che ti impedisce di farlo.* Trova almeno una persona che sia sinceramente e disinteressatamente disponibile ad ascoltarti ed aiutarti e rivelale i tuoi pensieri, le tue fragilità, le tue vulnerabilità. Vedrai che questa piccola, semplice esperienza umana, da sola rappresenterà uno degli "strumenti curativi" più potenti di cui tu possa disporre.

VII - Dal problema alla soluzione

"Immagina di essere alla guida da molto tempo e che la spia della pressione dell'olio si accenda, segnalandoti che l'auto si sta pericolosamente surriscaldando. Si tratta di un segnale negativo. Tuttavia, non lo ignori, ma nemmeno ti lasci paralizzare dalla paura. Semplicemente, ti fermi alla stazione di servizio, risolvi il problema e riparti. In seguito, guidando non terrai continuamente gli occhi puntati sulla spia della pressione dell'olio, lasciando che essa monopolizzi i tuoi pensieri. Se così fosse procederesti lentamente e in modo irregolare, ammesso che tu non decida di fermarti del tutto."
(Michael Michalko)

Ragionare in termine di soluzione è ciò che spesso distingue il "guerriero spirituale" dal gregge. Un guerriero spirituale infatti sa bene che le sue sofferenze, le sue paure, le sue preoccupazioni vanno usate come trampolino verso un'azione migliorativa nel momento in cui vengono presentate alla propria percezione e non devono diventare mai *lo scopo ultimo del suo pensiero né la sua eterna palla al piede.*

Come detto alcune pagine fa infatti bisogna sempre dare a sé stessi il tempo giusto per vivere queste sensazioni a fondo, accettarle, accettarne l'eventuale difficoltà di gestione e risoluzione, e comprendere il senso del messaggio che ci vogliono trasmettere. Poi però dobbiamo "scrollarci la negatività di dosso", riconoscere quel nostro implicito "diritto alla felicità" di cui abbiamo parlato anche poche pagine fa e puntare a superare, crescere, riparare, ricostruire, mettendo in atto la *migliore soluzione* che abbiamo a nostra disposizione.

"Alcuni sono tenacemente aggrappati al loro atteggiamento mentale negativo. Osservateli bene: sembrano contenti di essere infelici. Cercano a

destra e a manca occasioni di cui potersi lamentare: l'orario troppo lungo; la pausa per il pranzo troppo breve; il capo troppo scorbutico; la ditta che non concede abbastanza giorni di vacanza o abbastanza premi di gratifica. Altri brontolano addirittura su questioni irrilevanti: la collega indossa tutti i giorni lo stesso vestito; il ragioniere ha una calligrafia illeggibile, e così via. Il repertorio potrebbe essere infinito. Tutto va bene, purché possano sentirsi e dichiararsi infelici. In questo, si deve ammettere che ci riescono bene."

(Napoleon Hill)

Ricordiamoci sempre che il passato è passato e cominciamo a scegliere di guardare, pensare ed agire senza malatamente attaccarci a quanto di peggio conserviamo del suo ricordo. Non attacchiamoci morbosamente alla nostra infelicità. Emancipiamoci da ogni condizionamento negativo che scaturisce dalla nostra memoria ed entriamo nell'ottica di puntare sempre a superare, crescere, riparare, ricostruire. Di puntare a stare bene, ad essere felici. E quindi di puntare a liberarci da quella gabbia di odi, rancori, ansie e paure che possono condizionare inutilmente in eterno la nostra esistenza.

Quando soffri pertanto, impara a chiederti più spesso quanto ti siano davvero "utili" le sensazioni negative che provi, e se non le stai continuando a coltivare semplicemente per un moto di orgoglio, abitudine, attaccamento. Per necessità di mostrarti afflitto o di tenere impegnata in qualche modo la mente per distrarla da altro. E ricorda sempre che puoi mantenere la consapevolezza di ciò che ti piace e ciò che non ti piace, di ciò che devi fare e ciò che non devi fare, anche senza farti condizionare eccessivamente dalle emozioni che ne conseguono.

"-Maestro, sono caduto nell'abisso-, dice. -Le acque sono profonde e scure.-
-Ricordati di una cosa", risponde il maestro. -Ciò che fa annegare non è

l'immersione, ma il fatto di rimanere sott'acqua.-."
(Paulo Coelho)

Dopo avere dunque assunto una visione del problema e di noi stessi che sia quanto più possibile *lucida, obiettiva, consapevole ed esente da condizionamenti emozionali o pregressi* dobbiamo isolare il problema, od i problemi in questione, da tutto ciò che non è necessario alla loro risoluzione, magari dividerli in sotto-problemi se ciò semplifica ulteriormente il processo e successivamente procedere verso l'analisi di tutto ciò che serve per la relativa soluzione. Il che implica arrivare a gestire adeguatamente i tre casi che seguono:

Problemi non reali

Per tutte le sensazioni prive di un contenuto problematico realistico, effettivo, "concretamente pericoloso", quale può essere ad esempio una fobia nei confronti di qualcosa di oggettivamente non dannoso, la sofferenza sarà semplicemente l'impulso che ci pone la necessità un cambiamento interiore. Ossia, dovremo tornare al punto uno ed eseguire le pratiche del "risalire al problema originario", "espandere la prospettiva" e "zittire il problema". Con la prima capiremo quale problema reale sta creando quello immaginario, con la seconda ne "smonteremo" tutte le esagerazioni e le stupidaggini e con la terza distaccheremo i nostri processi cognitivi dai pensieri che generano una tensione eccessiva.

"Ma non potendosi palesare nel problema reale perché rimetterebbe in moto una tensione insopportabile dal sistema, il pensiero genera un altro problema, un problema immaginario, apparentemente risolvibile. In realtà il problema immaginario non può essere risolto. Non esiste soluzione reale del problema immaginario per il semplice fatto che il problema immaginario non è reale. Infatti l'eventuale azione attivata da un problema immaginario non è atta a risolvere la tensione perché questa

è originata da un problema reale diverso o non più attuale, e quindi l'azione atta a risolvere la tensione è soltanto quella che avrebbe dovuto essere compiuta a fronte del problema reale: quindi o un'azione diversa, o la stessa azione ma compiuta in un tempo e in un contesto diverso (nel passato)."
(Giulio Cesare Giacobbe)

Problemi reali ma non risolvibili

Per tutto ciò che invece sarà legato ad un problema reale ma privo di soluzione (o comunque privo di una soluzione chiara od immediatamente attuabile), o ad una situazione dolorosa "esistente" ma di natura incontrollabile od immodificabile, allora la sofferenza è l'impulso che ci invita ad una "strada verso la liberazione dal problema e dalla sua schiavitù mentale". Se la soluzione è possibilmente attuabile in futuro, questa strada è nel predisporre i pezzi perché ciò avvenga. Se non lo è o non si tratta di qualcosa a cui valga la pena dedicarsi, bisognerà:

- Accettare e prendere piena consapevolezza dei "punti immodificabili" della situazione per (e nonostante) ciò che di "negativo" essi hanno.

- Provare ad "imparare" il più possibile da essi, dallo stato in cui la situazione si trova e dalla nostra reazione emotiva di fronte ad essa.

- Infine, effettuare quello sforzo necessario per intraprendere un percorso attraverso cui "staccarsi equilibratamente" dal pensiero che calamiti il nostro dolore; senza perderne la consapevolezza e senza "gettar via" ciò che abbiamo appreso da esso. Ma semplicemente rifiutandone tutte le componenti irrealistiche ed invalidanti e facendo tutto quanto è in nostro potere per trasformarlo sempre in un'occasione di crescita, tanto pratica quanto psicologica ed emotiva.

Laddove i primi due punti possono essere realizzati attraverso le tecniche viste nel Capitolo V, l'ultimo può beneficiare di tecniche come "mantra", "confronto", ed ancora una volta "espandere la prospettiva" e "zittire il problema", a cui possiamo aggiungere le riflessioni secondo cui:

- Come visto anche poche pagine fa, *c'è sempre "molto di più" del problema stesso e delle sue peggiori implicazioni,* e quindi possiamo fare sempre e comunque molto nonostante la presenza di queste cose. Forse dunque dovremmo lavorare sul nostro atteggiamento per cominciare ad ignorare maggiormente le componenti più invalidanti del problema onde concentrare i nostri sforzi e le nostre attenzioni altrove; oppure dovremmo studiarlo ancora più a fondo e cercare di capire tutto ciò che di utile e costruttivo possiamo trarre tanto dalla situazione che stiamo vivendo quanto su di noi e sul nostro modo di reagire ad essa. Tutto ovviamente allo scopo di conferire al problema un minore "peso psicologico", agire in nome della ricerca di quella "necessaria felicità" a cui ognuno di noi ha diritto e trasformare l'intero processo in un percorso di "cura", crescita e miglioramento di noi e di ciò che ci circonda.

- *Anche se non possiamo risolvere il problema, probabilmente possiamo combatterne e trasformarne le implicazioni, le conseguenze e gli effetti.*

Problemi reali e risolvibili

Se invece a conti fatti la soluzione al problema che ci affligge esiste, allora la sofferenza non è nulla più che l'impulso che ci sta invitando a capire come visualizzare e realizzare tale soluzione. E quindi non dovremo far altro che concentrarci con la giusta dose di determinazione ed intelletto su ciò che possiamo controllare onde poter arrivare alla tanto agognata "risoluzione di tutto".

Se si potesse riassumere insomma in una semplice frase il comportamento del saggio sarebbe: *"Utilizza le stesse energie che usi per preoccuparti per puntare alla ricerca di una soluzione"*. Oppure: *"Se un problema ha soluzione, perché preoccuparsi? E se non ha soluzione, perché preoccuparsi?"*. Senza mai ignorare i problemi che si presentano né le nostre sensazioni di fronte ad essi. Senza provare a cambiare ciò che non si può cambiare, ma sempre rimanendo fermi sulla volontà di stare al meglio e trarre il massimo in ogni situazione e pertanto persistendo sull'atteggiamento che consenta di "controllare il gioco" e puntare alla ricerca di una "superiore armonia interiore", qualunque sia la circostanza in cui ci si trovi.

VIII – 15 strategie per acquisire un coraggio da leoni

"Dimostrate coraggio e grandi forze si muoveranno in vostro aiuto."
(Basil King)

La paura è un'emozione primaria, presente negli umani ed in gran parte del regno animale. Essa deriva dalla percezione di un pericolo ed ha come scopo ultimo la sopravvivenza e l'autopreservazione dell'individuo.

Come ogni emozione umana, per quanto sgradevole, essa ha dunque precise finalità regolatrici ed in quanto tale non dovrà mai essere in alcun modo repressa o negata. Però può dover essere adeguatamente *gestita e veicolata.* Infatti troppo spesso le trappole della nostra mente creano pericoli inesistenti od amplificano la percezione del rischio di fronte a quelli reali con il risultato che, oltre a stressare il fisico e la mente più di quanto in un determinato contesto sia necessario, impongono all'individuo reazioni che sono tutto fuorché costruttive. Tutto fuorché utili al suo percorso di crescita e maturazione. Pertanto esaminiamo adesso nel dettaglio quali sono le "15 strategie essenziali", estratte dal campo della psicologia e della filosofia orientale, in grado di aiutarci a sfruttare adeguatamente le nostre paure, e a combattere e vincere tutte quelle più inutili e controproducenti.

Ricorda che la paura non è nelle cose, ma in te

Questo discorso non è per niente differente rispetto a quanto già detto relativamente alla sofferenza: l'entità del suo manifestarsi dipende *dalla reazione, spesso amplificata e supportata da pensieri irrealistici, che abbiamo nei confronti delle cose attorno a noi.* Non di certo dalle cose "in sé", prive di alcun significato emotivo al di fuori di quello che diamo loro.

Una paura infatti nella maggioranza dei casi non rappresenterà l'effettivo metro della pericolosità dei rischi presenti nelle situazioni che andremo ad affrontare. La mente di certo non è in grado di valutare l'effettiva pericolosità di qualcosa come se fosse una sorta di computer onnisciente. Piuttosto, essa tenderà ad intensificare la percezione del rischio (e quindi ce lo farà sembrare tanto più dannoso quanto più probabile) nei confronti di ciò che, per esperienza, per abitudine, o per istinto, riterrà particolarmente difficoltoso, problematico, se non addirittura letale, irreparabile. Si tratta dunque di nulla più che *una valutazione alterata fatta sulla base di premesse imperfette.* Un'ipotetica previsione che crede di affacciarsi sul futuro ma in realtà sta solo spulciando in un passato morto e sepolto.

Ed un esempio dell'imperfezione di questo meccanismo mentale lo possiamo notare in come molte persone vivano la loro vita di tutti i giorni tranquillamente in casa propria, con il terrore però di prendere un aereo; eppure è matematicamente provato che la probabilità di morire in un incidente domestico è dalle 1000 alle 2000 volte superiore rispetto a quella di morire in volo.

Come dunque già visto, il reale "centro" della tua vita e della tua esperienza alla fine sei tu e null'altro. Cercare sicurezza assoluta all'esterno è quasi impossibile, poiché tutto è mutevole ed incerto. Ma se allenerai la tua mente perché sia sempre forte, serena, ricettiva, combattiva, *libera da condizionamenti pregressi* e fiduciosa nella sua forza e nelle sue potenzialità, allora sarai sempre tu stesso la prima fonte di ogni tua reale sicurezza.

"Una mente deconcentrata e sconnessa spreca continuamente energia, poiché non si accorge che siamo noi stessi i creatori delle nostre paure. Questo è particolarmente vero finché non ci si accorge che la paura è un'ombra priva di sostanza, che la scarsa fiducia in sé stessi nutre, dandole il potere e permettendole di assumere il controllo della situazione."
(Gianluca Magi)

Accetta la paura, è una sensazione normale

L'abbiamo detto: senza di essa non saremmo mai in grado di renderci conto di alcun pericolo, che sia esso piccolo o grande, ed all'esterno o annidato nella nostra mente.

È tra l'altro scientificamente provato che in ogni situazione di potenziale pericolo, se possederemo uno spirito tale da abbassare la soglia della paura ad un livello non invalidante allora riusciremo, proprio grazie alla paura, a far uso di vere e proprie "doti nascoste".

Difatti, nonostante la paura venga demonizzata in una società in cui si vive in condizioni di "sostanziale" pace e tranquillità, siamo biologicamente programmati perché la paura *"potenzi" le nostre facoltà e le nostre reazioni a situazioni di rischio*, aumentando la tensione muscolare e cerebrale, e consentendo così a corpo e mente di affrontare ogni cosa al meglio. Proprio come quando agli albori della nostra civiltà avevamo bisogno di un "surplus" di carica per affrontare continuamente i pericoli derivanti dagli assalti delle belve.

"Ti si affanna il respiro? I battiti del tuo cuore accelerano? Le tue mani tremano? Queste sensazioni impedirono a Carly Simon di cantare in pubblico per anni. Tuttavia, altri cantanti hanno scoperto come

utilizzarle a loro vantaggio. Bruce Springsteen, per esempio, etichetta queste uguali identiche sensazioni come "eccitazione" e le considera una parte naturale e positiva della sua preparazione per esibirsi."
(Anthony Robbins)

Le eccezioni non devono rappresentare la regola solo perché più suggestive

Durante una conferenza TED, la scrittrice Karen Thompson Walker narrò della storia di una nave che era affondata in oceano aperto. La maggioranza dell'equipaggio era riuscita a salvarsi su delle scialuppe ma le provviste erano poche, le terre lontane, e diveniva quindi necessario capire la rotta da intraprendere per massimizzare le proprie probabilità di sopravvivenza. Avevano di fronte a sé due possibilità: scegliere una rotta più breve per raggiungere le isole più vicine ma rischiare di incappare in tribù cannibali, ed intraprendere la rotta più lunga, ma rischiare di morire di fame. Risultato? Terrorizzati dall'idea dei cannibali, scelsero la rotta più lunga e morirono tutti di fame.

Cosa si può imparare, quindi, da questa tragica storia? Che gli uomini scelgono costantemente di dare ascolto, adito e credibilità alle ipotesi più suggestive, per quanto improbabili (i cannibali), piuttosto che a quelle più realistiche (il rischio di morire di fame). Ed ecco che, quindi, allo stesso modo, ascoltare di un occasionale incidente aereo in TV rende automaticamente l'aereo "pericoloso" ed ascoltare di un omicidio familiare si traduce in un "non fidarsi mai dei membri della propria famiglia".

Non cadere quindi in questa trappola mentale e non smettere di prendere il treno solo perché l'altra volta c'è stato un tragico deragliamento. Decidere la propria vita sulla base di eventi così improbabili e scambiare ciò che è più "suggestivo" con ciò che è più "probabile" equivale ad andare ad abitare in un palazzo di cartone e "sperare" che non crolli tutto alla prima pioggia.

La legge di Murphy è una cavolata

Se sei così convinto che "ogni cosa che può andare male, andrà male", per quale motivo la mattina ti alzi se potrebbe caderti una tegola in testa? Per quale motivo vai a lavorare se potresti essere investito appena attraversi la strada? Per quale motivo parli con una qualunque persona, se potrebbe essere un serial killer pronto a farti fuori?

Ovviamente la mia vuole essere una provocazione: la verità è che la vita è fatta tanto di piccoli colpi di sfortuna che di circostanze improvvisamente favorevoli. Tuttavia, in quanto esseri istintivamente portati all'autoconservazione, *tendiamo ad imprimere più e meglio nella memoria le coincidenze negative,* in maniera tale da poter registrare i pericoli potenziali e preservarcene in futuro. Ed ecco da dove nasce il mito della "Legge di Murphy": dalla nostra istintiva e naturale incapacità di imprimere con lo stesso potere in memoria i due tipi di coincidenze.

Questo poi, sostanzialmente, va ad arricchire quanto detto nel precedente punto: oltre a considerare come più probabili le ipotesi più suggestive, siamo fatti per considerare come più probabili le ipotesi *negativamente suggestive.* Ma, come accade per ogni inganno, essere consapevoli del trucco che c'è dietro aiuta a non lasciarsene più trascinare.

Dialoga con la tua paura

Certo, perché la paura svolga al meglio la propria funzione primaria, il suo impatto psicologico deve essere quantomeno accettabile e gestibile. E perché esso sia effettivamente tale, potremmo dover indagare sul suo messaggio, sulle nostre reazioni ad essa. Ossia, comprendere a fondo di cosa abbiamo paura, perché, ed attraverso quali schemi tale paura arriva a manifestarsi. Dopodiché potremo:

- **Razionalizzare** su quelle immagini e quelle frasi che il cervello ci trasmette e che, ad un'analisi razionale, scopriamo essere esagerate, irreali, ingigantite, e falsamente dilaganti o pervasive.

- **Prevenire e limitare**, laddove possibile e conveniente, i danni dei pericoli reali, effettuando i dovuti e tempestivi interventi ed applicando le necessarie precauzioni.

- **Predisporci alla cura ed alla riparazione** di quei danni derivanti da problemi che si potrebbero verificare comunque. Oppure alla costruzione ed all'applicazione di benefici che rendano tali problemi ininfluenti se non addirittura potenzianti.

- **Allenarci ad accettare serenamente** tutto ciò con cui non possiamo, o non ci conviene, fare nulla.

"Che cosa ha reso capace Donald Trump di costruire il suo patrimonio immobiliare? Il suo procedimento di valutazione è stato sicuramente un metodo chiave. Quando valutava un immobile che sembrava offrisse un guadagno notevole, lui si chiedeva "Qual è il lato negativo di questo affare? Che cos'è la cosa peggiore che potrebbe succedere e sarei in grado di farcela comunque?". Se era sicuro di cavarsela, anche se si fosse verificata la peggiore delle ipotesi, lui andava avanti poiché il lato positivo sarebbe andato comunque bene."
(Anthony Robbins)

Può essere utile anche riscoprire la pratica dell' "Andare più a fondo" spiegata nel capitolo "Medicine per lo spirito". Molto spesso infatti capita di non riuscire a razionalizzare con le proprie paure, per quanto sciocche od eccessive siano. A quel punto si fa inevitabile la necessità di potenziare la propria indagine interiore. Di capire alla radice di quale antico problema mai fronteggiato è nata la tensione di cui l'oggetto che temiamo è solo il semplice involucro.

Priva il cervello dei propri tabù

Disse nel 1933 Franklin Delano Roosevelt, durante il suo famoso discorso sulla Grande Depressione, che "l'unica cosa di cui avere paura è la paura stessa". In effetti, nell'atto stesso di infrangere ogni tabù che la paura ci impone, essa perde di ogni potere, senso e significato, e ci diviene facile, se non immediato, sconfiggerla.

Sfida quindi il tuo cervello a vivere, anche se solo nell'immaginazione, ciò che per paura si rifiuta di affrontare.

Fermati un secondo ed immagina di vivere *la peggiore delle conseguenze, la peggiore delle possibilità, la peggiore delle tue paure.* Percepiscine ogni sensazione, arriva ad immaginarne anche i dettagli. Poi alla fine prova ad affrontarlo, a reagirvi. Oppure ridine, ridicolizzalo, urla un "chissenefrega" liberatorio. Magari quel "chissenefrega" sarà a tutti gli effetti fuori luogo, ma provaci lo stesso. Infatti innanzitutto così ti renderai conto di come la maggior parte del tuo "veleno" sia una creazione mentale, eliminando gran parte del "fascino" negativo dell'oggetto dei tuoi timori. Ma poi potrai anche assumervi un'ottica più ampia, complessa e ragionata; attraverso essa ti renderai conto del fatto che in realtà qualunque cosa accada, avrai sempre a tua disposizione *più strumenti di quanto la paura ti suggerisca, tanto per gestire le cose sul momento, quanto per superarle successivamente.* Primo tra tutti il tuo straordinario cervello, fonte prima di ogni ingegno, di ogni strategia, di ogni tattica per affrontare e sbaragliare eventi e circostanze sfavorevoli.

"Acquisterete forza, coraggio e fiducia tutte le volte in cui sarete davvero capaci di fermarvi a guardare in faccia la paura. Riuscirete allora a dire a voi stessi: «Sono sopravvissuto a questa esperienza terribile, sarò in grado di sopportare tutto ciò che verrà dopo»."

(Eleanor Roosevelt)

"Quando accade ciò che più temiamo, non c'è più nulla da temere. Dunque, perché temere qualcosa per cui non c'è nulla da temere?"
(Yamada Takumi)

Rendi quotidiano, comune, abituale, l'oggetto dei tuoi timori

Questo è, in un certo senso, il "livello successivo" rispetto a quanto detto nel punto precedente.

Ovvero, laddove ciò sia possibile e conveniente, entra nell'ottica di dover renderti comune, normale, familiare l'oggetto dei tuoi timori. Magari approfondendolo, analizzando, raccogliendo informazioni sul suo conto da un lato. E dall'altro lato, laddove ciò sia fattibile, *vivendolo praticamente*. Concentrando le tue energie in un potente atto di volontà che ti allontani dalla tua zona di comfort per proiettarti direttamente nella tua "zona di rischio".

Secondo te perché chi prende l'aereo una volta ogni due anni ha molta più paura di chi lo prende ogni giorno per andare a lavoro?

Perché chi lo usa tutti i giorni ha familiarizzato con l'ambiente "aereo". E magari, invece di riempire tutti i concetti inerenti ai "viaggi aerei" con le proprie credenze più maligne ed irrazionali, ha anche studiato per comprendere meglio le dinamiche meccaniche ed organizzative che vi sono dietro.

Il cervello umano infatti spesso tende ad identificare le proprie abitudini con una sorta di "zona di comfort" nella quale tutto andrà bene, e ciò che le trascende con una "zona di rischio" irta di pericoli, spesso senza che la cosa effettivamente abbia il benché minimo riscontro nella realtà.

Prova dunque a rompere questo schema. Innanzitutto rendendoti conto mentalmente della sua inconsistenza. Poi cercando di assumere, finché ciò conviene, informazioni che ti aiutino a familiarizzare con la "zona" che consideri rischiosa. Ed infine impara a far tuo un pizzico di follia ed incoscienza, e con esso renditi attivamente familiare ciò che la tua mente considera "pericoloso". Ossia, fatti una "doccia fredda" e prova a buttartici.

Molto spesso proprio il primo passo in questa direzione è quello più difficile, ma fatto quello hai letteralmente abbattuto un muro. Dopo, non solo avrai vinto una grande sfida con te stesso, ma sia le forze dentro di te che quelle all'esterno cominceranno letteralmente ad accompagnarti in questa nuova scelta.

"Proponetevi di non evadere mai dalle situazioni spiacevoli, ma riconoscetele e cercate di combatterle dal punto in cui vi trovate. In questo modo scoprirete che accettare le circostanze date, senza temerne le conseguenze, equivale ai nove decimi della battaglia per vincerle"
(Napoleon Hill)

"Non è perché le cose sono difficili che non osiamo farle, è perché non osiamo farle che diventano difficili."
(Lucio Anneo Seneca)

"Tutte le cose sono difficili prima di diventare facili."
(John Norley)

Accetta ed abbraccia l'idea del rischio

Non è possibile avere sempre gli strumenti o la conoscenza perfetta prima di buttarsi in qualcosa. Non è possibile controllare tutto od avere sempre tutto in ordine. Ovunque ci sarà sempre una minima percentuale di rischio, incertezza od incompletezza. Il rischio è parte della vita.

Prendi dunque le precauzioni che serve o conviene realmente prendere, *ma non esagerare nella ricerca di sicurezze.* Ci sono e ci saranno sempre delle incognite. Ci saranno pertanto sempre anche tante buone ragioni per reputare un percorso sconveniente. Ma è proprio per questo che a volte dobbiamo semplicemente divenire forti, flessibili, un po' irragionevoli, spegnere parte del cervello e seguire quel fervore, quel pizzico di follia misto a passione e determinazione che ci permetta di abbandonare i nostri schemi, ignorare i limiti dei nostri pregiudizi ed andare oltre.

"Dobbiamo riuscire ad arrivare a capire che la sicurezza può esistere quando sappiamo di poterci adattare velocemente alle diverse circostanze. È una specie di gioco in cui continuamente scopriamo quello di cui siamo capaci, quanto più velocemente sappiamo adattarci ad ogni situazione e come riusciamo ad affrontare queste situazioni ed a ricavarne il meglio."
(Roy Martina)

La sfida di cui hai timore in realtà *è solo la prima di un altro milione di prove anche molto più pesanti ed inaspettate che la vita porrà, a te come ad ogni altra persona sulla terra.* Non pretendere di controllarne ogni aspetto perché potrai controllare poche cose per davvero, quindi semplicemente vai e combattila. Impara a buttarti nelle situazioni a prescindere da quanto ti siano oscure, come detto anche nel punto precedente. Senza pensarci troppo, senza troppo calcolare, senza troppo pretendere, buttatici e basta.

"Non aspettare fin quando sarà tutto perfetto. Non sarà mai tutto perfetto. Ci saranno sempre sfide da affrontare, ostacoli da superare, margini di incertezza e condizioni imperfette con cui avere a che fare."
(Mark Victor Hansen)

E se proprio non riesci a buttarti subito in ciò che tanto temi, prova un approccio graduale: parti con l'approcciare e sfidare realtà che ti creano una tensione "minima", e poi aumenta il livello di difficoltà a poco a poco. Capirai che la vita è bella anche a causa dell'adrenalina che scaturisce da quelle situazioni ricche di piccole o grandi incertezze. Che quando la pretesa di sicurezza è troppa si comincia a logorare, a consumare, a svuotare tutto. Che le cose possono essere gestite sul momento. Che se la mente è forte, intelligente, flessibile, pronta ad ogni possibile mutamento e consapevole anche dei suoi limiti, ha già tutta la chiarezza e la sicurezza di cui ha bisogno, pur laddove la situazione rischi di divenire estremamente rischiosa o caotica.

"La lotta è caotica eppure non si è soggetti al caos. Sebbene il caos sia in generale una fase difficile e faticosa, è anche dinamica, una fase di grande creatività e sviluppo. Il comandante saggio ammira le potenzialità insite nel caos. Poiché non è statico sulle sue posizioni, il caos non rappresenta una minaccia per lui."

(dal commentario al libro "L'arte della guerra")

Inoltre questa propensione, nell'atto pratico, può portare anche ad ottenere *risultati completamente nuovi*. Per esempio alcune grandi scoperte del progresso umano, come la penicillina, sono giunte fino a noi a causa dell'imprevedibile interagire tra fattori casuali ed errori madornali. Ed anche quando ciò non accade direttamente, accade invece indirettamente, come quando si va incontro a qualcosa di spiacevole e lo si trasforma in risorsa. Come puoi quindi negare a priori che il risultato di cui la tua vita ha bisogno sia nascosto proprio dietro quel muro che ti sei alzato a causa della tua esigenza di avere sempre tutto in ordine e sotto controllo?

Pensa che non hai nulla da perdere

L'abbiamo visto anche alcune pagine fa: tutto finisce, tutto muore, tutto cambia. Preoccupandoti di più non cambierà questo stato delle cose, ma lo vivrai solamente peggio. Quindi non hai nulla di cui preoccuparti. Nulla da perdere. Nulla da temere. Hai già fallito, sei già morto, hai già perso tutto. E quindi puoi marciare libero da ogni ansia.

Uno stato mentale simile era spessissimo coltivato dai samurai dell'epoca Sengoku. La perfezione della loro arte giungeva nel momento in cui si consideravano già morti. E ciò paradossalmente consentiva loro ancor meglio di combattere al massimo delle proprie forze, e quindi di conservare la propria vita.

Ma che senso ha agire di fronte alla certezza dell'incertezza, di fronte alla sicurezza della fine o del fallimento? Innanzitutto se non possiamo attaccarci a nulla di esterno *possiamo "attaccarci" a noi stessi. Possiamo focalizzarci su nulla al di fuori di noi stessi.* Possiamo fare in modo da rendere ogni azione un modo per allenarci, per migliorarci, per crescere ininterrottamente. Per esprimere e coltivare coraggio, determinazione, intraprendenza, follia.

"Fa che lo scopo ultimo di ogni tua mossa sia il coltivare le tue qualità. Prima tra tutte, il tuo spirito guerriero, che è una delle risorse più importanti di cui tu possa beneficiare in assoluto."
(Yamada Takumi)

Infatti tramite un percorso di impegno profondo e creativo innanzitutto ci esprimiamo. Diamo un po' di noi stessi al mondo che ci circonda, ispirando, modellando, creando precedenti e depositando in esso una scintilla di immortalità. Viceversa, il non prendersi mai rischi, il rimanere sempre entro le righe, è la tomba della memoria. È il miglior modo per essere annoverati tra le "persone qualunque", di quelle da cui nessuno può trarre alcunché. Di quelle il cui ricordo inevitabilmente si perde con il tempo.

"Agire da piccolo uomo non aiuta il mondo. Non c'è nulla di illuminante nel rinchiudersi in sé stessi così che le persone intorno a noi si sentano insicure. Noi siamo nati per rendere manifesta la gloria che c'è dentro di noi. Se noi lasciamo la nostra luce splendere, inconsciamente diamo alle altre persone il permesso di fare lo stesso. Appena ci liberiamo dalla nostra paura la nostra presenza automaticamente libera gli altri."

(Nelson Mandela)

"Ognuno deve lasciarsi qualche cosa dietro quando muore, diceva sempre mio nonno: un bimbo o un libro o un quadro o una casa o un muro eretto con le proprie mani o un paio di scarpe cucite da noi. O un giardino piantato col nostro sudore. Qualche cosa insomma che la nostra mano abbia toccato in modo che la nostra anima abbia dove andare quando moriamo, e quando la gente guarderà l'albero o il fiore che abbiamo piantato, noi saremo là. Non ha importanza quello che si fa, diceva mio nonno, purché si cambi qualche cosa da ciò che era prima in qualcos'altro che porti poi la nostra impronta."

(Ray Bradbury)

Infine, il *non attaccamento non vuol dire disinteresse.* L'impermanenza dei frutti della volontà, nostra od universale che sia, non deve impedirci di goderne, anzi, ci deve motivare a viverli ancora più a fondo ed a gustarne il sapore ancora più intensamente.

Sfrutta le esperienze altrui

Informati su persone simili a te o addirittura più svantaggiate di te, che hanno saputo fronteggiare le loro paure in situazioni simili od uguali alla tua. La cosa ti riempirà di forza, coraggio ed energia.

"A dei bambini che avevano paura dei cani veniva fatto osservare per 20 minuti al giorno un coetaneo che giocava con un cane. Dopo soli 4 giorni

il 67% dei bambini accettava di entrare in un recinto con un cane con il quale continuava a giocare anche dopo che i coetanei erano usciti. Dopo un mese i bambini accettavano ancora di più il contatto con i cani. In un altro esperimento emerse che per ottenere l'effetto non è necessaria l'esibizione dal vivo ma bastano anche dei filmati. In particolare quelli brevi in cui comparivano più bambini intenti a giocare con i cani."
(Robert Cialdini)

Quando la paura ti può portare all'infelicità, ribellatici

Gran parte dei limiti che ci imponiamo nella nostra vita *derivano proprio da ciò che la paura ci fa evitare.* Sottomettendoci infatti ad essa, non reagendo, lasciando che si impossessi dei nostri schemi cognitivi e riconoscendo agli elementi che ce la scatenano un potere su di noi, riempiamo la nostra vita di muraglie, strade evitate, eterne procrastinazioni. E pertanto non solo ci proiettiamo inevitabilmente verso una vita di rinunce, rassegnazione ed insoddisfazione, ma non facciamo altro che scappare da problemi, conflitti, sfide che prima o poi, in un modo o nell'altro, *ci raggiungeranno comunque.* Non c'è persona infatti che, rimanendo sempre ed esclusivamente nel "tranquillo" o nel "conosciuto", non sia poi stata esclusivamente vittima dei cambiamenti altrui anziché divenire protagonista dei propri.

"Nulla si ottiene senza sacrificio e senza coraggio. Se si fa una cosa apertamente, si può anche soffrire di più, ma alla fine l'azione sarà più efficace."
(Mahatma Gandhi)

"L'andamento della nostra esistenza sarà condizionato da ciò che ci fa più paura o dai nostri più luminosi desideri solo ed unicamente in base alle parole che sceglieremo di pronunciare, ai gesti che sceglieremo di esprimere, ed alle direzioni che sceglieremo di intraprendere."
(Anonimo)

Fuggire sempre dall'azione, dal combattimento, dalla fatica, da ciò che ispira timore, rimandare continuamente le occasioni utili per fronteggiare i problemi che minano la propria serenità od i propri percorsi di vita, sono tutte cose che ci faranno solo *rimanere impreparati di fronte a tutte le altre sfide che inevitabilmente arriveranno.* Ridurranno le nostre difese naturali contro di esse e faranno arrugginire i nostri strumenti innati. Il che, nel lungo termine, renderà sempre meno sogni alla nostra portata.

Prendendo coscienza di questa cosa possiamo meglio riconoscere le trappole verso cui le paure invalidanti ci conducono e più efficacemente reagirvi con il corroborante impulso di un sano istinto di rivalsa.

"Quando viviamo nella paura smettiamo di 'essere' e come risultato di ciò diventiamo quello che non siamo."
(Roy Martina)

"Quando vedi un affare di successo vuol dire che qualcuno ha preso una decisione coraggiosa."
(Peter Drucker)

Punta al massimo ma sii sempre conscio dei tuoi limiti

Per molte persone la paura di affrontare una determinata situazione è essenzialmente ansia da prestazione. Ossia, tutta la tensione che nasce nel momento in cui si pensa di dover affrontare qualcosa, scaturisce *dal conflitto tra ciò che si desidererebbe fare e ciò che invece si crede effettivamente di poter realizzare.* Ebbene, riuscirai a non cadere in questa trappola ogni volta in cui saprai prendere giusta consapevolezza dei tuoi limiti e delle tue potenzialità. Ogni volta in cui ricorderai a te stesso che in ogni istante della tua vita, qualunque sia la circostanza, *potrai solamente fare il massimo con ciò che avrai e sulla base di quelle che saranno le conoscenze del momento.* Non potrai mai fare nulla più di questo e nessun altro uomo sulla terra potrà mai fare nulla più di questo. Non temere pertanto di sbagliare. Non pretendere di fare o sapere chissà cosa.

"Accetta che qualsiasi lavoro sia una bozza. Questo ti aiuterà a completarlo. La ricerca del perfezionismo è il killer più spietato dei nostri progetti e dei nostri sogni."
(Da "Il manifesto del fare")

Cerca solo di essere il meglio che puoi nell'attimo, sul momento, nel vivo dell'azione. Con quello che hai, con quello che ti viene in mente, semplicemente perché è tutto ciò che hai realmente a disposizione. Il resto sono seghe mentali. A volte l'universo ti elargirà tesori splendidi nonostante tu combini dei gran pasticci, ed altre volte te li negherà nonostante tu faccia del tuo meglio. Ma non importa, l'unica cosa che conta è *concentrarsi sulla battaglia del momento e combatterla con tutti i mezzi a propria disposizione.*

"Non puoi essere certo del fatto che le cose andranno esattamente come desideri. Però potrai sempre contare sul fatto che dipenderà da te impegnarti per massimizzare le tue probabilità di successo. Quindi impegnati per massimizzare le tue probabilità di successo, senza "se" e senza "ma"."
(Yamada Takumi)

Ed anche se all'esterno vi scaturiranno solo mezzi risultati non condannartici. Se hai fatto quello che credevi fosse il tuo meglio puoi essere comunque fiero di te stesso. Senza contare che, se riuscirai a mantenere lo spirito giusto, anche dai mezzi risultati potrai far nascere sempre nuovi frutti.

Creati un'uscita di sicurezza

Creati o predisponiti, sempre laddove ciò sia effettivamente possibile e conveniente, una sorta di "uscita" di sicurezza, reale o mentale che sia, che ti faccia sapere che sei in grado di uscire "indenne" dalla situazione che temi nel momento in cui essa si faccia effettivamente insostenibile. Anche se poi non dovrai utilizzare realmente questa soluzione, l'idea stessa di poter avere una "scappatoia" ridurrà la tensione non necessaria. Certo, spesso può essere assai utile anche "forzarsi" a *non prendere una scappatoia a meno che non sia assolutamente necessario.* Scappare sempre infatti porta a non andare mai a fondo in alcun percorso. Uccide volontà e determinazione. Porta a non ottenere mai nulla.

Pensa correttamente al passato

Fatti le seguenti domande:

- Ci sono state situazioni nelle quali ho affrontato in maniera ottimale difficoltà uguali o simili?
- Come mi sentivo?
- Come posso ricreare condizioni simili?
- Perché allora non avevo, o comunque avevo meno paura?
- Cosa è cambiato da allora?
- Cosa può avermi condizionato erroneamente nel frattempo?
- Come posso ovviare a questo condizionamento?

Impara a fronteggiare le emergenze

Un "guerriero spirituale" oltre ad avere gli strumenti con cui ridurre l'impatto psicologico di ciò che gli ispira timore, è anche colui che è in grado di affrontare al meglio ogni effettiva situazione di emergenza e rischio contingente mantenendo di fronte ad esse innanzitutto *il dovuto sangue freddo.*

Quella di "mantenere il sangue freddo" è infatti forse l'abilità più importante nelle situazioni di emergenza. Senza necessariamente applicare questo principio solo a situazioni di reale pericolo di vita, rimane infatti comunque concetto universalmente valido che chi nelle situazioni di emergenza sa di poter trovare almeno un compromesso accettabile che consenta di rivolgerle a proprio favore, magari non otterrà il miglior risultato possibile nel 100% dei casi ma avrà sicuramente più probabilità di "portare a casa la pelle" di chi si dà per "spacciato" alla prima avvisaglia di pericolo.

Di fronte all'emergenza infatti la mente spesso va in tilt, esagerando le connotazioni drammatiche della situazione che sta affrontando e cominciando a girare dei veri e propri "film" fatti della stessa sostanza delle sue suggestioni più drammatiche. Il problema è che nella maggioranza dei casi seguire questi film e prenderli per l'unica realtà possibile non fa altro che renderci schiavi delle circostanze stesse. Quindi le linee-guida da seguire in casi del genere sono:

Calma! Non accettare nessuna circostanza come disperata od al di fuori della tua portata. Sfrutta l'adrenalina che nasce dalla situazione per "potenziare" le tue prestazioni fisiche e mentali (come visto infatti è proprio per questo, in fondo, che nasce in noi della tensione di fronte al pericolo) ma allo stesso tempo recupera immediatamente il controllo del tuo corpo e della tua mente. Ricomincia a respirare con ritmo lento e ricordati ancora una volta che tutto quello che ti suggerisce il tuo pensiero non è necessariamente la realtà ma anzi, nell'emergenza la tua mente sarà probabilmente calamitata solo dalle ipotesi future più negativamente suggestive.

Quello che ti serve ora come ora infatti è proprio recuperare un senso della realtà e di tutto ciò che in essa può esserti utile per uscirne al meglio. Non farti coinvolgere dall'eventuale reazione emotiva di chi ti circonda, ricorda che anche la loro mente è fallibile e concentrati, piuttosto, completamente sul momento, su di te e su ciò di cui hai bisogno in questo istante per superare con successo le sfide che esso comporta. Nessuno ama il caos, l'incertezza o l'emergenza, questo è ovvio, ma tieni sempre a mente quello che disse Sun Tzu nella propria "Arte della Guerra": "Il caos è una fase difficile e faticosa, ma è anche dinamica, e di grande creatività e sviluppo". Atteggiamento giusto, mente salda e lo si potrebbe trasformare addirittura in una risorsa.

Isola il "nucleo" del problema. Principio essenziale del problem solving è quello di saper mentalmente "scartare" da un problema non solo tutto ciò che non è necessario alla sua risoluzione, come connotazioni psicologiche, chiacchiere, informazioni ridondanti e prospettive non necessarie, ma anche le parti di esso che non sono rilevanti, influenti, o comunque non possono in alcun modo cambiare sotto la nostra azione. Il tutto al fine di giungere al suo "fulcro" al suo "nucleo", a quel singolo aspetto (o comunque, insieme ristretto di aspetti) sul quale è possibile intervenire e che, a seguito di tale intervento, è in grado di far cambiare completamente la situazione nel suo complesso.

Trova la "posizione sicura" più immediata: ti trovi in presenza di un pericolo, e pertanto la tua priorità consiste necessariamente nel raggiungere una posizione tale che tale pericolo non sia più incombente. Il che può essere eseguito scappandone, neutralizzandone almeno le "armi" la cui azione risulti più pericolosa ed imminente oppure addirittura semplicemente raggiungendo il controllo completo delle nostre facoltà emozionali qualora tale pericolo sia prettamente di natura psicologica. Esaminata la situazione dunque cerca innanzitutto la prima "posizione sicura". Restringi il ventaglio di azioni possibili, visualizza ogni possibile via di fuga ed identifica ogni possibile "angolo sicuro". Dopodiché, da' priorità assoluta all'effettuare un'azione rapida e decisa che "elimini l'emergenza" e ti riporti, pertanto, in una condizione di migliore vantaggio strategico. Penserai solo dopo ad effettuare un'azione che abbia risultati più a lungo termine.

Focalizzati sugli elementi a tua disposizione e prova ad immaginarne anche usi anticonvenzionali che ti diano un vantaggio, che sia tanto più immediato e consistente laddove il tempo rappresenta un fattore critico.

Sicuramente non potrai controllare od usare tutto ciò che ti circonda, quindi concentrati unicamente su ciò il cui utilizzo possa risultarti più semplice od immediato e poi prova a capire come, a voler continuare ad usare una metafora samurai, "infilzare" il tuo problema nel suo più accessibile "punto debole" (o comunque punto influente). Il leggendario samurai Musashi Miyamoto nel suo "libro dei cinque anelli", per esempio, insisteva proprio sul principio del salvarsi la vita "trasformando ogni singolo elemento in un'arma con cui colpire fulmineamente", e sono numerose le storie su come l'abbia applicato, salvandosi la vita in duello dopo aver raccolto anche un semplice ramoscello da terra ed averlo usato per stordire istantaneamente il proprio avversario con un unico colpo ben calibrato.

Restringi dunque la tua prospettiva sugli elementi dagli usi potenzialmente "più interessanti", siano essi fisicamente presenti nello spazio a tua disposizione o semplici strumenti mentali, e concentra tutte le tue energie in una semplice sequenza di azioni che li sfrutti per neutralizzare o comunque gestire "una volta e per tutte" tale pericolo.

Detto così potrà sembrarti un'impresa titanica, ma non preoccuparti e ricorda ancora che il tuo corpo è programmato per potenziarsi di fronte alle situazioni di pericolo. Nel pericolo potrai dire, fare e realizzare cose che ora non credi assolutamente di poter fare. Dunque semplicemente mantieni i piedi per terra. Aguzza occhi e mente. Concentrati e razionalizza lucidamente sulla situazione del momento. Redireziona opportunamente ogni "energia" che scaturisce dal rischio imminente e sicuramente non avrai nulla da temere.

"Ho detto loro (ndr. I Dallas Cowboys) che se avessi appoggiato una trave sottile sul pavimento della sala tutti sarebbero stati in grado di camminarci sopra senza perdere l'equilibrio, ma se avessi steso la medesima trave tra due edifici all'altezza di dieci piani, soltanto alcuni ce l'avrebbero fatta, perché si sarebbero concentrati sulla possibilità di cadere. La concentrazione è tutto. Non lasciatevi distrarre dalla folla, dai giornalisti o dalla possibilità di perdere, ma su ogni istante della partita."
(Jimmy Johnson, allenatore dei Dallas Cowboys prima di una storica vittoria per 52-17 al Superbowl del 1993)

Fai una cosa alla volta. Che tu abbia dinanzi a te un obiettivo finale ben chiaro, o almeno un insieme di azioni da compiere sicuramente valide, datti una ed una sola regola: fare una cosa alla volta! Puntare a fare più di una cosa alla volta produce infatti ulteriore paura, adrenalina e ansia. La nostra mente non è progettata per questo, essendo essa in grado di elaborare uno ed un solo pensiero alla volta, ed ignorare questa semplice verità non farà altro che incrementare la sensazione

IX - Rifiuta la spazzatura

"Non c'è nulla di più feroce della banalissima televisione."
(Pier Paolo Pasolini)

Una frase ormai celebre coniata nel campo dell'informatica è "Garbage in, Garbage out", ossia: *"Se metti spazzatura, ottieni spazzatura"*. Tale termine si riferisce essenzialmente al fatto che se metti in un computer dati-spazzatura (fai camminare un gatto sulla tastiera mentre stai armeggiando con un delicato software professionale) ed otterrai in cambio sempre dati-spazzatura (schermata di errore e probabili danni per migliaia di euro). Tale locuzione, tuttavia, non deve necessariamente rimanere confinata al campo dell'informatica.

Supponendo infatti, attraverso una semplificazione che prenderemo per buona, che il nostro cervello sia come un computer in grado di processare decine di migliaia di dati complessi al giorno per trasformarli in pensieri ed azioni, possiamo supporre che, allo stesso modo, se lo rimpinziamo tutto il giorno di reality, show-spazzatura, video di gattini e spot appositamente progettati per rimbecillire la mente umana, il nostro risultato in termini di pensieri ed azioni, che lo vogliamo o meno, sarà mediocre, umiliante, se non addirittura autolesionista.

Già, "che lo vogliamo o meno". Perché la maggioranza dei nostri pensieri viene processata subconsciamente, senza l'intervento della nostra coscienza o consapevolezza e quindi, per quanto possiamo essere vigili nei confronti del contenuto di cui ci "cibiamo", ci sarà sempre almeno una minima parte di esso che finirà per influenzare i nostri pensieri, le nostre opinioni e le nostre scelte.

Tra l'altro siamo in un'era in cui si progettano senza sosta nuovi modi per rendere i propri messaggi più influenti e penetranti, ragion per cui è molto probabile (anche se *non certo*: non voglio finire, e non voglio che tu finisca, come quei complottisti che credono che ci sia un intento persuasivo dietro ogni media esistente) che ciò che viene trasmesso alla tua consapevolezza attraverso certi tipi di televisione, internet, o qualunque tipo di media digitale sia stato appositamente strutturato per veicolare un preciso, od un insieme di precisi, intenti persuasivi. Che non devono essere il risultato di chissà quali cospirazioni aliene eh, può trattarsi del semplice "iniettare", od accentuare, il bisogno di seguire una pagina od acquistare un prodotto. Il punto infatti è che, qualunque sia l'originale intento, queste tecniche d'influenza si sono fatte così sottili e penetranti che spesso diviene difficile distinguerle. Comprenderne *almeno alcuni degli intenti "preponderanti" nei messaggi trasmessi nel mondo contemporaneo* e delle ragioni culturali dietro essi, tuttavia, può sicuramente aumentare il nostro livello di consapevolezza in merito, e quindi aiutarci a difendercene con maggiore efficacia:

- **Creare e sfruttare l'inadeguatezza:** Inutile negarlo: enorme parte dei messaggi inviati in certi media è fatta per creare inadeguatezza e per battere sull'inadeguatezza. Basti vedere la "propaganda" effettuata attraverso l'imposizione di certi modelli di successo e bellezza, di cui sono anche complici i social network, veri e propri "filtri distorti" sulle poche (laddove non esistenti) finestre di successo e bellezza sulle vite di tutti. Od il letterale terrorismo psicologico su cui i telegiornali continuano a ricalcare. Il motivo? Iniettare inadeguatezza produce ansia e senso di mancanza. Le quali dovrebbero portare a muoversi, agire (comprare?). Il che, chiariamoci, non sarebbe nulla di male nel momento in cui dall'inadeguatezza fossimo naturalmente "addestrati" a fare scaturire una naturale propulsione ad essere e fare ogni giorno di più e meglio in base a quelle che sono le *nostre* esigenze ed inclinazioni. Tuttavia il problema è che non tutti sono in grado di reagire costruttivamente ai continui tentativi di "suggerire" che ci sia qualcosa di sbagliato in sé e nella propria vita, ed ecco che se non si pone particolare attenzione consapevole all'intento di questi segnali, essi finiscono per ridurre l'individuo ad una figura non solo perennemente insicura di sé, ma anche molto più malleabile e più predisposta ad accettare il primo messaggio rapido e semplificato con cui uscire dalla propria condizione. Messaggio che, "guarda un po' ", potrebbe arrivare proprio dalla stessa fonte che ha suggerito quei segnali di inadeguatezza in passato. Invidi il corpo di quella modella su Instagram? Hai bisogno di farti un profilo simile e passare più tempo su Instagram! Hai un lavoro che non ti soddisfa? Abbonati al nostro servizio di ricerca lavoro a soli 5.000 euro al mese. E così via...

- **Ridurre la varietà ed il campo delle scelte:** In "1984" di Orwell uno degli obiettivi principali del partito assolutista dominante è quello di ridurre progressivamente il vocabolario delle persone in modo da ridurre sempre di più il loro campo di pensiero e di scelta autonoma.
  Allo stesso modo, puoi star sicuro al 100% che in nessuno, tra certi media, si vedranno personaggi compiere scelte differenti o sconvenienti da quelle appartenenti ad un certo "modello" di vita che il media vuole implicitamente proporre.
  Ed il motivo di tutto questo è che ogni esperto di comunicazione è ben consapevole del fatto che siamo individui naturalmente portati all'imitazione. Cresciamo giocando a "fare i grandi" ed imitando i nostri genitori e spesso, anche inconsciamente, reputiamo più valide delle scelte se vengono prese da qualcuno con cui sentiamo delle affinità. Inutile dire che questo effetto è stato documentato scientificamente. Per esempio, è ben noto l'"Effetto Werther" scaturito a seguito della pubblicazione del romanzo "I dolori del giovane Werther" di Goethe. Infatti, (spoiler!) alla fine del romanzo il protagonista si suicida, e questo suscitò una tale ondata di suicidi giovanili in Europa che alcuni paesi furono addirittura costretti a vietare il libro.

Allo stesso modo, Johan Stuart Mill, filosofo ed economista britannico, sostenne che siamo naturalmente portati a "dimenticare la diversità" se ci disabituiamo per un lungo tempo a vederla. Quindi, meno si "ricorda" al proprio cervello la possibilità di concepire certi pensieri, certe azioni, certe scelte, e meno esso finirà per concepirli effettivamente.
Questo è un problema etico dibattuto ancora più spesso di recente quando si è cominciato a parlare della necessità o meno di censurare letteralmente, ed indipendentemente dal contesto, certi termini dai social network. E sebbene non sia il mio compito qui quello di fornire una risposta definitiva a questo dibattito, tutto ciò che posso suggerirti per evitare che, come individuo tu perda lentamente il tuo senso di percezione della diversità del mondo lì fuori, e di come a volte essa possa rappresentare un valore, è di "cibarti" di diversità. Non attenerti mai ad una sola fonte, una sola pagina di social network, un solo network televisivo, ma varia le tue fruizioni il più possibile. E soprattutto non perdere quel genuino senso di "rifiuto" del concetto "impacchettato" e pronto per essere fruito acriticamente come tale, ma sii sempre pronto a chiederti "perché non può essere diverso?" e "perché non può essere migliore?".

- **Ripetere:** Che si tratti di uno slogan politico o pubblicitario, quella della ripetizione è una delle tecniche di persuasione più efficaci mai create ed utilizzate nei media. Ciò che viene ripetuto un'infinità di volte spesso finisce per scavalcare giudizio e raziocinio e penetra a fondo nella propria memoria e nella propria essenza. Basti vedere che sulla ripetizione sono basate forme di autosuggestione come i Mantra o strumenti di apprendimento subconscio come i katà delle arti marziali, che se eseguiti migliaia di volte, consentono poi al cervello di utilizzare "automaticamente" quelle mosse al momento giusto.
  Ed è proprio ripetendo continuamente le stesse parole, gli stessi concetti, gli stessi atteggiamenti che non solo essi

divengono acriticamente parte dell'immaginario comune, ma finiscono per "svuotare" tale concetto di ogni possibile sfumatura e diversità. Quante volte, per esempio, avrai sentito che lo squalo è l'animale "mangiatore di uomini" per eccellenza? E questo concetto è penetrato talmente a fondo nelle menti di alcuni di noi che ormai non riescono a concepire più l'idea (vera) che esso in realtà attacchi gli uomini molto raramente e con intenti differenti da quello predatorio (pare addirittura che gli squali "non gradiscano" il sapore della carne umana).

- **Sottintendere:** Un'altra potente tecnica d'influenza, e che probabilmente è la più sottile ed impercettibile in assoluto, è quella di comunicare dando per scontato un concetto di fondo, esplicitato solo in parte e per questo molto più penetrante.

Un esempio dell'uso di questa tecnica? Eccone alcuni:

-Quando viene mostrato che dietro ad una particolare modella sbavano tutti, si sottintende che le caratteristiche di una bellezza perfetta DEBBANO essere quelle.

-Quando si dice che "c'è la crisi", si sottintende che molto probabilmente un tuo progetto imprenditoriale è destinato a fallire.

-Quando si dice che quello a parlare è "l'esperto", si sottintende che tutto ciò che dice è verità.

-Quando si dice che "ieri tutti erano a vedere quel programma televisivo", si sottintende che avresti dovuto farlo anche tu, e che non dovrai perderti la prossima puntata.

Chiaramente non tutti interpretano allo stesso modo il concetto di fondo dietro ogni messaggio. Tuttavia, tali concetti di fondo sono studiati perché almeno la maggioranza delle persone percepiscano ciò che si vuole venga percepito.

Già, perché tutti quelli che, almeno per certi media, sono considerati come modelli di comportamento, di successo, di bellezza, sono penetrati nell'immaginario collettivo non perché si sia mai "imposto" che dovessero essere quelli. Ma perché lo si è sottinteso, e sottintendere che qualcosa sia bello, giusto, ovvio, funzionale, oppure al contrario sbagliato, immorale, sconveniente, è infinitamente più potente che dirlo esplicitamente.

- **Fare notizia è la priorità:** Disse Erich Fromm già 60 anni fa che con l'avvento del capitalismo il valore principale è divenuto quello di "fare notizia". Non conta quale sia la qualità della notizia, anche un bancarottiere che fa fallire migliaia di posti di lavoro e riesce a finire in TV risultando "simpatico" ha in qualche modo più "valore" di chi avvia una startup di valore e crea lavoro nell'ombra, senza che nessuno ne parli.
  Quest'idea di fare notizia a tutti i costi è stata sicuramente rafforzata di parecchio con la televisione (basti vedere la continua esaltazione del lusso, della vistosità e di tutto ciò che è immediato ed impulsivo) ed ha finito per moltiplicarsi esponenzialmente sul web: basti vedere che milioni di profili di social network esistono con il semplice scopo di raccogliere più "like" ed attenzione di altri, spesso senza nessun vantaggio reale aggiuntivo al di fuori della visibilità per ottenere altra visibilità.
  Attenzione infatti: non c'è infatti nulla di sbagliato nel voler "fare notizia" od ottenere più visibilità. Oggi le imprese e le persone che riescono a fare "notizia", ad esempio, nel proprio settore di mercato, trionfano. Quello che però c'è di sbagliato è l'aver ridefinito completamente una certa scala di priorità e valori, reputare il "like", il riflettore, il numero di followers, come un'indicatore universale di "bontà", credendo così non solo che sia l'unico obiettivo perseguibile (quando invece, un po' come con il denaro, dovrebbe rappresentare un mezzo con cui giungere ad un obiettivo), ma anche che "il meglio" sia solo laddove è

puntata la maggiore quantità di attenzione. Banale forse, eppure non vuoto, visto che nelle nostre valutazioni quotidiane ci cadiamo spesso.

A questo punto, dunque, può essere legittimo chiedersi: come difendersi da certi messaggi costruiti apposta per fregare il nostro cervello? In parte l'abbiamo già suggerito tra le righe precedenti: prima cosa, *consapevolezza*. Più si è consapevoli della possibile esistenza di certi messaggi e meglio si sarà in grado di individuarli e prenderli per ciò che sono: veicoli di un significato che tuttavia dobbiamo *interpretare e criticare*. Ancora una volta, senza ridursi come quegli individui deliranti che vedono un intento manipolatorio in ogni parola dell'altro, ma semplicemente rendendosi conto che, data la struttura stessa del mondo contemporaneo, lì fuori viene spesso combattuta una costante "guerra" per aggiudicarsi la tua attenzione come spettatore e consumatore, e che l'unico vincitore finale di questo conflitto devi essere tu, assieme ai tuoi valori più personali, il tuo naturale senso critico e le tue più intime esigenze.

E secondo, trasforma il "Garbage in" in "Gold in". Immetti "oro" nel tuo sistema cognitivo e stai certo che otterrai oro in cambio. Il che banalmente vuol dire selezionare meglio i tuoi contenuti, evitare come la peste programmi e tg-spazzatura, variare le tue fonti, e sempre guardare tutto con occhio più critico e consapevole di certi meccanismi. Ma soprattutto vuol dire… leggere di più! Quando si dice che leggere più libri migliora il pensiero e l'umore non è banale retorica, è perché leggendo libri ci si confronta con diversi modelli di pensiero ed azione e per questo si "rigenera" l'inevitabile effetto dell'impoverimento di scelte, spesso causato non solo da certi media ma dall'assuefazione nelle proprie abitudini. Quindi… leggi libri ispiranti! Guarda conferenze TED e materiale divulgativo su YouTube! E scegli i tuoi contenuti attraverso criteri di ricchezza, diversità, e soprattutto, laddove ciò sia individuabile, *disinteresse e buona fede* di chi te li propone.

X - Non diventare schiavo del digitale

"Hai mai fatto un sogno tanto realistico da sembrarti vero? E se da un sogno così non ti dovessi più svegliare? Come potresti distinguere il mondo dei sogni da quello della realtà?."
(Morpheus)

Tutti sanno che fino a pochissimo fa, epoca in cui il web viaggiava su linee analogiche instabili, lentissime e rumorose, era impensabile (tranne forse per qualche mente assai lungimirante) una simile evoluzione del legame tra digitale e uomo: tra e-commerce, smartphone, web 2.0 e social network, non c'è quasi più attività umana che non abbia un profondo legame con il mondo informatico ed elettronico.

Ma al di là dei tantissimi vantaggi apportati da questo fenomeno, è innegabile che questa fusione tra vita reale ed informatica sia avvenuta così rapidamente da non avere dato tempo all'uomo di preparare le proprie naturali difese contro i suoi inevitabili "rovesci della medaglia".

Ma quali sono questi rovesci della medaglia che attentano alla nostra felicità individuale? Vediamoli insieme, e vediamo anche quali strategie possiamo adottare per provare ad arginarli:

Information overloading

"Information overloading" letteralmente vuol dire "Sovraccarico di informazioni". Ossia, se da un lato il web ha apportato l'enorme vantaggio di moltiplicare i canali di diffusione di informazioni e di trasformare ogni fruitore in un produttore di contenuti, dall'altro lato questo ci ha portati ad essere bersagliati da una quantità di informazioni immensamente superiore rispetto a quella che il nostro cervello è in grado effettivamente di processare. Il risultato? Confusione, smarrimento e… un gran mal di testa!

Cosa fare quindi per contrastare questo fenomeno?

- **Non dare retta a tutto quello che viene scritto in rete:** è dai tempi della primissima televisione che siamo istintivamente e naturalmente portati a reputare come "degno di considerazione" tutto ciò che passa attraverso un monitor. E così finiamo per dare retta a qualunque teoria, qualunque idea, qualunque opinione, e ad imbastire inutili e strenue discussioni su Facebook contro chi ha un orientamento politico diverso dal nostro, su un sito di cinema contro chi ha stroncato un film che a noi è piaciuto, contro chi fa un video su YouTube in cui descrive una filosofia di vita con cui non siamo d'accordo. *Il risultato? Noi non ne abbiamo ottenuto nulla di buono, l'altra parte nemmeno, ed abbiamo sprecato tempo ed energie che invece avremmo potuto impiegare per costruire qualcosa di buono.* Il web è come l'intero mondo rinchiuso in un monitor da 8 (10? 13? 57?) pollici: vi passeranno sempre più informazioni, più pareri, più idee di quante il nostro modo di essere, vivere, pensare possa prendere per buoni. Accetta questo dato di fatto, accetta di non poterlo controllare, impara a guardare ogni informazione con occhio più critico e selettivo, ed adotta la filosofia del "se questo non mi serve, lo butto via".

- **Taglia il flusso di informazioni all'essenziale:** smettila di seguire le pagine od i tweet che non apportano un reale valore aggiunto alla tua giornata. Nascondi gli aggiornamenti Facebook di chi pubblica no-stop i resoconti delle proprie giornate compresi i momenti in cui va al gabinetto. Smettila di seguire gli status di chi passa le giornate a lamentarsi della propria vita solo per attirare l'attenzione. Limita il tuo fruire digitale a fonti di informazioni utili, ispiranti e costruttive.

Invadenza del digitale

Questo è un problema nato da pochi anni, con l'aumento della banda larga e con l'ampia diffusione degli smartphone a basso costo: ossia, il formarsi di un flusso continuo di notifiche, chiamate, sms ed email durante la giornata. Sembra diventato "normale" l'essere interrotti continuamente durante le proprie attività e sembra scontato che ogni nuova notifica, qualunque sia la sua natura, esista per ridefinire le nostre priorità in suo favore. Ecco quindi qualche consiglio che diviene fondamentale seguire:

- **Ridefinisci le tue priorità in base a ciò che risulta più importante, non in base a ciò che risulta più urgente.** Stephen Covey, nel suo celeberrimo libro "Le 7 regole per avere successo", sottolineò l'importanza del distinguere tra ciò che è importante e ciò che è urgente. Urgente è tutto ciò che richiede un intervento immediato, importante è invece tutto ciò che produce risultati più consistenti nel lungo termine ed è ciò in cui ognuno dovrebbe investire la maggioranza del proprio tempo. Ricordarti quindi semplicemente che la maggioranza delle notifiche che ti arrivano sul tuo tablet o sul tuo smartphone è urgente ma non importante ti aiuterà a non cadere sempre preda del "controllare l'ultima notifica arrivata" ed a concentrarti sull'importanza della tua attività del momento.

- **Intervieni sulle impostazioni dei siti e delle applicazioni che utilizzi più spesso.** Disabilita tutte le notifiche eccessivamente invasive. Elimina per esempio le notifiche sonore di Facebook e disabilita tutte quelle app che inviano continuamente notifiche a scopo pubblicitario. Ne guadagnerai enormemente in termini di tempo, concentrazione e salute mentale.

- **Ritagliati, durante la giornata, dei momenti digital-free, e prova a stare nel presente.** Ossia, pianifica sempre dei momenti nella tua giornata in cui tenerti completamente alla larga da rete e dispositivi elettronici. Metti il telefono in un'altra stanza per un po', se riesci, e dedicati ad altro. Cucina, leggi un libro, cerca di rimanere nel presente e tieniti lontano da qualunque distrazione che non faccia parte di ciò a cui ti stai dedicando in quel momento. Come vedremo anche più avanti, il tuo presente è tutto ciò che hai. Se non alleni il tuo cervello a "starvi dentro", hai praticamente rinunciato ad "abitare" la tua stessa esistenza.

- **Impara a dire di no.** Ad una richiesta di amicizia da parte di persone che non conosci, all'invito a partecipare ad una pagina che non ti interessa e alla richiesta di installare un nuovo gioco gratuito sul tuo smartphone. Sono tutte cose che possono "arricchire" la tua vita digitale e darti l'illusione di essere più e meglio "connesso con il mondo", ma nel contempo levano spazio, tempo e risorse alla vita reale. Cerca di trovare un equilibrio!

Parenti ed amici incollati ai propri schermi

Quante volte ti è successo di trovarti a fare un birra con amici, di stare a tavola con la tua famiglia o ad una cena di lavoro e di veder arrivare il momento in cui qualcuno si assenta completamente per prestare attenzione unicamente al proprio smartphone finché la batteria glielo consente? Ecco quindi quindi qualche strategia utile per provare ad arginare questo fenomeno nel momento in cui diventi fastidioso e di ostacolo per un buon vivere dei propri momenti sociali:

- **Non temere di affrontare l'argomento.** Esistono spazi e momenti da dedicare alla vita reale e spazi e momenti da dedicare alla vita virtuale, e quindi è perfettamente normale provare fastidio di fronte a comportamenti del genere. A volte può bastare una semplice battuta per far si che l'altro ammetta il proprio errore. Altre volte invece, specialmente se il problema tende a riproporsi con parenti, partner o altre persone con cui si deve convivere nel lungo termine, diviene assolutamente necessario fissare delle piccole regole di buona convivenza, se non addirittura "concordare" insieme quando sia il caso di porre un limite al tempo da dedicare ai propri dispositivi.

- **Comprendi e rispetta la vita digitale di ognuno.** Che ci piaccia o no, per molte persone la vita e le relazioni digitali hanno assunto un'importanza pari a quella delle relazioni in carne ed ossa. Senza contare che il lavoro da remoto, l'imprenditoria digitale ed i lavori da freelance web sono sempre più diffusi e redditizi. Nessuno quindi vuole sentirsi processato per il fatto stesso di passare del tempo davanti ad un PC od uno smartphone e, prima di muovere qualunque critica, assicurati sempre di rispettare e comprendere le esigenze di ognuno. Magari quel tuo collega che ha passato la serata a scrivere sms ha la madre in ospedale e necessita di avere continuamente notizie sul suo stato di salute. Oppure quel tuo coinquilino che passa la giornata davanti al PC ha bisogno di terminare e consegnare un lavoro importante per il prossimo fine settimana.

XI - Lavora sulla tua autostima

L'individuo privo di qualunque autostima è probabilmente l'opposto del guerriero spirituale, ossia quello che potremmo chiamare l'uomo *"eternamente vittima del mondo di merda"*. Introdotto infatti in situazioni che spesso non gli competono, è incapace di padroneggiarle perché manca degli strumenti base per farlo. Così, egli, non essendo in grado di scorgere alcuna strada con cui rivalersi sulle ingiustizie e sulle brutture che lo circondano, manca anche dell'ottica e della competenza per divenire padrone delle situazioni che affronta e della propria vita. Il che nella società moderna è un problema imperante, più di quanto si potrebbe immaginare.

Più infatti mi guardo in giro e più mi rendo conto che, probabilmente, a soffrire di mancanza di autostima sarà qualcosa come il 95% delle persone che incontro. L'autostima non va infatti confusa con il molto più fragile muro di ego che, complice anche qualche cattivo insegnamento e tanti pessimi esempi, quasi tutti si costruiscono per tentare di nascondere alla meno peggio le proprie naturali insicurezze.

L'autostima, infatti, è molto più che un po' di sbruffonaggine ostentata per darsi qualche aria: autostima è serenità, umiltà, sapersi relazionare con gli altri senza mania di dominare o terrore di essere dominati, consapevolezza dei propri limiti e fiducia nelle proprie potenzialità. L'autostima è il frutto di un percorso di costante crescita, apprendimento e miglioramento di sé. Presuppone la capacità di assumere un controllo su sé stessi e sulle circostanze privo di quella possessione o prevaricazione che l'ego imporrebbe, e che è unicamente basato su una genuina facoltà di armonizzarsi con le persone attorno a sé e con l'ambiente circostante.

Ma quali sono, quindi, i passi attraverso i quali possiamo combattere con le nostre insicurezze e mutare il nostro ruolo da "spettatori" del mondo che ci circonda a quello di "reali" padroni di noi stessi? Vediamoli insieme:

I quattro pilastri fondamentali

Prima ancora di ogni altra riflessione, medita sulla tua condizione di *essere umano*, che in quanto tale ha dei basilari diritti:

- *Diritto di essere compreso, nel momento in cui sei disposto a far lo stesso con gli altri.*

- *Diritto di essere rispettato, nel momento in cui sei pronto ad elargire lo stesso rispetto al prossimo.*

- *Diritto di essere essere amato. Non incondizionatamente o da tutti, ma di avere comunque la tua dose di amore.*

- *Diritto di essere felice.*

Non ci sono eventi, considerazione di sé, epoche storiche difficili né pregiudizi che possano venir meno a questi quattro principi. Non dimenticartene mai e fa' si che essi siano tanto regole imprescindibili per cui combattere quanto le "fondamenta" basilari su cui edificare la tua percezione del tuo valore. Quando essi vengono minati o messi in dubbio non sei tu ad essere miserabile, brutto, stupido o sbagliato, ma *è il mondo ad essere in errore.*

Accetta la tua fallibilità

Sigmund Freud disse che più approfondiva la conoscenza della vita mentale umana e più chiaramente riscontrava un fattore chiamato il "bisogno di essere malati" o il "bisogno di soffrire", scaturito nella maggioranza dei casi da quello che viene chiamato "senso di colpa". D'altronde nel corso della storia, più volte la colpevolezza ha motivato gli uomini a distruggere la propria vita, a mutilarsi o comunque a ferirsi per espiare i loro errori. Oggi, fortunatamente, nessuno arriva più a tali eccessi, se non raramente. Eppure, sopravvivono metodi equivalenti, perlomeno a livello potenziale, dato che, anche se la coscienza non si sente in colpa, accade a volte che sia il subconscio a subire il contraccolpo, con conseguenti effetti devastanti sulla salute psicologica e sull'umore generale.

Il senso di colpa infatti può a tutti gli effetti "inquinare" il nostro cervello, peggiorare il nostro umore e portarci lentamente e progressivamente a percepire come "meritato" ogni problema esterno, inducendoci a sopportare ogni sventura con sempre più stoica ed umiliante passività.

Certo, è più che normale "sentirsi in colpa" genere dopo avere vissuto determinate situazioni. Il contrario vorrebbe dire non avere una sensibilità. Ma soprattutto, vorrebbe dire non poter mai usufruire di quel tipico sprone motivazionale che scaturisce da eventi del genere, necessario per migliorare dai propri sbagli. Tuttavia, *non bisogna mai consentire che esso divenga un pretesto per covare eterno rancore nei propri confronti.* Non bisogna mai permettere che si trasformi in una sensazione pervasiva ed invalidante. Non bisogna mai consentire che uccida lentamente l'immagine che ci siamo fatti di noi stessi e blocchi così ogni nostra prospettiva di crescita personale.

Innanzitutto quindi parti sempre da quanto detto nel secondo capitolo, ed abbraccia il presupposto secondo cui sei un individuo limitato e, in quanto tale, *fallibile.*

Poi ricordati semplicemente che non c'è niente "di universalmente sbagliato" in te. Sebbene sia infatti facile pensare una cosa del genere dopo uno sbaglio od un fallimento, non sei "rotto" e non devi essere "aggiustato"; *c*iò che invece fai può essere messo in discussione, perché non sei il tuo comportamento. Esso infatti, proprio come il tuo pensiero, può venire influenzato da mille fattori come l'umore, lo stato chimico del corpo, la fretta, le circostanze, l'influenza delle persone presenti, alcuni automatismi del cervello, o le limitate informazioni a disposizione in un determinato momento. E quindi fare un errore mentre si reputa di stare facendo del proprio meglio è semplicemente naturale, umano, fisiologico.

Ma non bisogna mai neanche dimenticare *quanti fattori di molteplice natura intervengano nel determinare i risultati finali del proprio comportamento all'interno di un contesto.* Perché va bene assumersi la responsabilità di ogni propria azione, ma allo stesso modo bisogna riconoscere anche quanto non si abbia potere assoluto né controllo totale su tutti gli elementi con cui si interagisce. E quindi bisogna sempre riconoscere quanto il problema per cui ci stiamo processando sia stato inevitabilmente generato anche dall'intervento combinato di fattori "esterni" e completamente indipendenti dalle nostre scelte.

Certo, accettare il concetto di "errore" può risultare comunque assai difficile in una cultura in cui tende a dominare spesso il mito del super-individuo vincente a tutti i costi. Ma tutto sta nel riconoscere quanto quella del vincente a tutti i costi non sia altro che la più ipocrita delle maschere. Nessuno potrà mai essere perfetto od infallibile e non c'è potere umano che possa sfuggire a questa incontrovertibile verità. Qualunque uomo infatti, per quanto geniale o talentuoso, ha sempre alle sue spalle un passato pieno di errori e figuracce anche gravi. Anche i più belli di Hollywood per esempio hanno sofferto per amore, anche le più grandi rockstar della storia hanno sfornato i loro flop, ed anche gli scienziati più geniali del mondo hanno formulato delle teorie completamente errate. Ma se "nonostante" ciò sono riusciti a continuare ad ottenere qualcosa dalla vita è perché hanno provato ad apprendere, hanno cercato di capire cosa effettivamente non andasse nella situazione che li ha portati all'errore e sono riusciti ad andare avanti.

"Il successo è per il 99% fallimento"
(Eichiro Honda)

"Se non fai errori, non stai lavorando su percorsi abbastanza ardui. Il che altro non è che un gravissimo errore."
(Frank Wilczek)

"A volte è meglio lottare a costo di soffrire, cadere, fallire, morire, che essere lentamente massificati, svuotati, consumati, umiliati dalla prudenza e dal compromesso."
(Anonimo)

Ricorda che ognuno tende a trasformarsi nell'immagine che ha di sé

Disse il Mahatma Gandhi che "Quando si ha fiducia di poter fare una certa cosa, si acquisterà sicuramente la capacità di farla anche se, all'inizio, magari non si è in grado". Allo stesso modo, diversi studi provano che gli alunni con un maggiore rendimento scolastico sono anche quelli nei quali i genitori tendono ad iniettare una maggiore fiducia in sé stessi.

Perché chi "crede" nel proprio potenziale e nelle proprie idee si muoverà, combatterà, convoglierà le proprie risorse per allineare questa visione con la realtà ed anche laddove ci siano degli impedimenti, farà il possibile per migliorarsi e superarli. Mentre una bassa autostima, al contrario, inevitabilmente comporterà inazione, pigrizia e scarsità di risultati, i quali a loro volta ovviamente produrranno scarsa autostima. E se non siamo noi stessi a smettere di crocifiggerci ad ogni fallimento, difficilmente interromperemo questo circolo vizioso.

Dice Robert Greene nel suo libro "Le 48 leggi del Potere", alla legge #34, "comportati come un re". Parti quindi semplicemente con lo scegliere di essere fin dal principio la versione "regale" di te stesso. Non con il fare ottuso che avrebbe uno studente che va a sostenere un esame universitario e pretende di superarlo senza studiare, ma semplicemente:

- *Mantenendo innanzitutto un rispetto di te stesso,* e di ciò che senti e rappresenti, che sia saldo ed inscindibile, proprio come quello che avrebbe un re.

- Similmente a quanto visto nel capitolo precedente, agendo "intelligentemente" *come se fossi già molto migliore di ciò che credi di essere*, in maniera da colmare istantaneamente tale divario laddove sia mentale e da delineare il giusto percorso per colmarlo praticamente laddove esso sia effettivo.

- Ancorandoti sempre a quella più "alta" ed "inscalfibile" fiducia che deriva dalla consapevolezza di un potenziale "latente" nell'ambiente che ti circonda.

- *Avendo fiducia incondizionata nella tua mente, strumento tra i più complessi mai generati dalla natura, che ci ha consentiti di spostarci dalle caverne alle stelle.*

- Traendo forza dalla *promessa di proseguire sempre alla ricerca della migliore espressione del potenziale che ti circonda* e di non accettare mai gli ostacoli ed i divieti come tali, ma piuttosto di sfruttarli sempre e solo come occasioni per migliorarsi nel proprio percorso di ricerca e costruzione.

Sposta l'attenzione sui tuoi successi

Grandi o piccoli che fossero, ognuno di noi, ad un certo punto della propria vita, ha vinto le proprie battaglie. Tra chi aveva ottimi risultati scolastici, chi ha vinto un premio importante, o chi ha conquistato almeno una volta il cuore di una persona a cui teneva, non c'è persona su questa terra che non possa stilare una bella lista dei propri successi. Meditare su ti essi ti sarà utile per riflettere su come il tuo potenziale sia molto superiore di quanto a volte ti viene suggerito dai tuoi momenti "no". E soprattutto ti aiuterà ad evitare quella stupidaggine della "sindrome della macchia nera": narra un aneddoto di un maestro che mostrò ai propri alunni un grosso foglio bianco con una macchiolina nera. Quando chiese loro di cosa si trattasse, egli risposero "è una macchia", e lui ribatté che stavano ignorando completamente il foglio bianco.

Così agiamo a volte quando c'è qualcosa di spiacevole: questo qualcosa diviene un "buco nero" la cui gravità cattura interamente il nostro sentire e le nostre attenzioni. Riuscissimo anche a vincere nove sfide su dieci, finiremmo sempre e comunque per lamentarci dell'unica persa.

Insomma, non cadere in questo tranello. Non dare tutta la "forza gravitazionale" della tua mente a qualcosa che probabilmente non la merita. Non cadere nella trappola di definirti in maniera "assoluta" e ricordati che sei un essere umano, con un percorso fatto inevitabilmente di passi avanti e passi indietro. Tutto sta non nel vincere dieci volte su dieci, ma in quella tenacia, quella creatività, quell'ingegno e quella capacità decisionale con cui superare anche venti sconfitte di fila e costruire quel ventunesimo successo che dia un significato a tutto.

Valorizza la tua unicità

Si dice che Charlie Chaplin abbia cominciato la sua carriera costretto ad imitare un attore tedesco allora molto in voga, e che non ebbe alcun successo finché sul palcoscenico non cominciò ad essere sé stesso. E che molti altri artisti e scienziati, come lui, non siano riusciti a raggiungere il proprio successo finché non avessero deciso di rifiutare l'omologazione con le regole esterne che risultavano per loro "depotenzianti" e pertanto avessero scelto in modo da valorizzare ciò che li contraddistingueva in maniera unica.

In questo senso, valorizzare la propria unicità non deve essere confuso con il rifiuto totale dell'esterno e pertanto con la retorica dell'"essere sempre e comunque sé stessi". Se ti presenti ad un colloquio per un posto di lavoro in banca in canottiera e pantaloncini corti perché così ti piace vestire e non accetti di farti dire diversamente, non sei uno che valorizza la propria unicità, ma uno che rifiuta i compromessi imposti da certe circostanze.

Valorizzare la propria unicità vuol dire piuttosto smetterla di provare ad imitare gli altri, preservare e coltivare ciò che di più unico e particolare ci caratterizza e cercare di essere semplicemente "i migliori noi stessi possibili". Fare tesoro innanzitutto dei nostri talenti, delle nostre doti particolari, delle nostre reali passioni, delle sfumature uniche e particolari della nostra sensibilità e renderle un marchio di fabbrica, un ariete con cui provare a sfondare ogni porta, un insieme di fondamenta su cui edificare tutto il resto. Senza rifiutarvi il confronto con l'esterno, ma semplicemente usando tale confronto per rendere tali unicità ancora più potenti e penetranti.

Ma ciò vuol dire anche, e soprattutto, trarre valore dall'inusitato "tesoro" dei nostri piccoli "difetti" naturali, delle nostre fissazioni, di tutte quelle nostre unicità "atipiche" che non possiamo cambiare; prendere ciò che sarebbe normalmente considerato come un limite, come un difetto, come una debolezza e poi lavorare per farne la nostra migliore risorsa, una chiave insolita con cui superare le nostre sfide quotidiane, la caratteristica competitiva "killer" con cui ottenere un insuperabile vantaggio rispetto a coloro che questa atipicità non la possiedono.

"Quando Arnold Schwarzenegger diventò un attore professionista, aveva un punto debole: il forte accento austriaco. Ben presto, però, lo fece diventare parte integrante del fascino del suo personaggio di eroe d'azione e quello che un tempo era stato il suo punto debole si trasformò in un punto di forza. Il suo accento diventò la caratteristica che identificava il

suo personaggio e tutti cominciarono a imitarlo."
(Steve Chandler)

Mettiti in gioco

Il 90% della tua autostima sarà creato e consolidato dalla risolutezza con cui deciderai di metterti in gioco anche, e soprattutto, di fronte alla possibilità di affrontare venti contrari. E salirà alle stelle tutte le volte in cui manterrai l'impegno di sfidare limiti ed imposizioni od imparare da esse e di commettere prima di tutto azioni di cui andare fiero, indipendentemente da quale sia il risultato finale.

Perché se alla fine di una prova avrai "vinto" la battaglia che essa comporta avrai ricevuto un guadagno, una riprova con cui cementare la tua autostima. Se invece avrai preso una "sberla" potrai trarre comunque nuova autostima dalla forza che dimostrerai a te stesso. Dalla tenacia, dalla resilienza che riuscirai a coltivare di fronte alle sconfitte e dalla tua capacità di fermarti, ricominciare e trasformare tale sberla in un'occasione per migliorarti, costruire di più ed apprendere qualcosa di nuovo.

Come visto infatti anche quando abbiamo parlato del "combattere per vincere le proprie paure" se rimani fermo, statico, sempre nella tua zona di comfort, la tua percezione di te stesso diverrà con il tempo sempre più "vuota" e priva di valore; se invece manterrai uno spirito sempre attivo, intraprendente, rispettoso della propria sensibilità e fedele alla propria visione del mondo, pronto a superare i propri limiti ed a fronteggiare ogni nuova sfida che si affacci all'orizzonte vedrai che, indipendentemente da quali siano i risultati temporanei, ogni singolo passo che farai riempirà il tuo "senso di sé" di positività, fiducia e potere, trasformandoti man mano e sempre più nel tuo "eroe", nel tuo "campione personale".

"Muovi il culo, e fai qualcosa di cui andare orgoglioso"
(Andrea Giuliodori)

XII - Vivi in armonia le relazioni con gli altri

"Si dice che nel cielo di Indra esiste una rete di perle disposta in modo tale che, se se ne osserva una, si vedono tutte le altre riflesse in essa. Nello stesso modo, ogni oggetto nel mondo non è semplicemente se stesso ma contiene ogni altro oggetto, e in effetti è ogni altra cosa. In ogni particella di polvere, sono presenti innumerevoli Buddha."
(Sir Charles Eliot)

Su questo pianeta esistono infinite culture ed infiniti stilemi che definiscono, come specie, il nostro senso nello stare al mondo. Quindi è veramente difficile fare delle affermazioni sulla cultura "preponderante" nella nostra società senza scadere in semplificazioni. Tuttavia è possibile dire che in buona parte del mondo moderno occidentale, probabilmente a seguito dei principi economici che si sono affermati negli ultimi cento anni, siamo passati da società collettiviste a società molto più individualiste. Il che non dovrebbe neanche sorprenderci se pensiamo al fatto che fino a qualche secolo fa in diverse parti del mondo non era neanche pensabile sopravvivere senza una comunità alle spalle. In ogni caso, senza emettere giudizi di alcun tipo su se questo sia stato positivo o meno, di sicuro possiamo isolare da questo discorso almeno l'apparire di qualche effetto collaterale non proprio benefico. Uno, la mitizzazione eccessiva di certe forme di egocentrismo ed aggressività, come se si trattasse in qualche modo dell'unico modello vincente possibile. E due, un'ormai progressiva sensazione diffusa di isolamento ed insoddisfazione nello stare in società.

Perché per quanto in certe forme non eccessivamente stigmatizzate l'individualismo sia a volte persino indispensabile viste le sfide che il mondo contemporaneo ci pone, la verità è che forse biologicamente abbiamo ancora bisogno di "qualcosa in più"; molti, troppi di noi infatti ancora considerano solitudine e conflittualità come la più grande fonte di sofferenza e malessere, e viceversa un legame profondo ed intenso con il prossimo può rappresentare la più significativa fonte di gioia. Anche quando l'esperienza ed i pregiudizi ci possono condizionare ad agire diversamente, tendiamo sempre e comunque a sentirci infelici se non riusciamo ad esperire, di tanto in tanto, delle vere e proprie sensazioni di unione con gli altri; questo laddove, attenzione, unione non va intesa come sottomissione o perdita della propria individualità, ma come condizione in cui ci si percepisce contemporaneamente come sé e come l'altro. In cui la connessione con gli altri individui diventa condivisione, comprensione e prendersi reciprocamente cura dei propri problemi e delle proprie fragilità.

"Nonostante la ricerca disperata d'amore, tutto il resto viene considerato più importante: successo, prestigio, denaro, potere; quasi ogni nostra energia è usata per raggiungere questi scopi, e quasi nessuna per conoscere l'arte dell'amore [...]. Ma all'uomo la coscienza di se stesso come entità separata, la consapevolezza della propria breve vita, del fatto che è nato senza volerlo e contro la propria volontà morirà; che morirà prima di quelli che ama, o che essi moriranno prima di lui, il senso di solitudine, d'impotenza di fronte alle forze della natura e della società, gli rendono insopportabile l'esistenza. Diventerebbe pazzo, se non riuscisse a rompere l'isolamento, a unirsi agli altri uomini, al mondo esterno. Il senso di solitudine provoca l'ansia; anzi, l'origine di ogni ansia. Essere soli significa essere indifesi, incapaci di penetrare attivamente nel mondo che ci circonda; significa che il mondo può accerchiarci senza che abbiamo la possibilità di reagire. Oltre a ciò, è fonte di vergogna e, spesso, di colpa."

(Erich Fromm)

Difatti secondo diversi studi risulta proprio che le persone più felici sono anche quelle più socievoli, duttili, aperte, e più inclini alla gentilezza, alla compassione e all'amore disinteressato.

Viceversa, parrebbe riprovato che, sebbene la nostra cultura ce ne abbia praticamente "assuefatti" tutte le situazioni di odio, conflittualità, violenza, infelicità non siano affatto naturali né innate, ma siano sempre figlie di disagi, squilibri, visioni parziali o di un limitato utilizzo dell'intelligenza e delle facoltà creative. Queste situazioni poi, generando a loro volta altra violenza, non fanno altro che favorire il perpetuarsi ed il sedimentarsi di nuove crudeltà e sopraffazioni.

"La crudeltà stessa è suscitata da qualcosa di più profondo: il desiderio di penetrare il segreto delle cose e della vita. L'altra via per conoscere "il segreto", è l'amore. Amore è penetrazione attiva dell'altra persona, nella quale il mio desiderio di conoscere è placato dall'unione. Nell'atto della fusione io la conosco, conosco me stesso, conosco tutti, e non conosco niente. Conosco nell'unica maniera possibile per l'uomo: attraverso l'esperienza dell'unione."
(Erich Fromm)

La storia stessa dell'uomo d'altronde, al di là degli inevitabili alti e bassi, sembra un continuo cammino verso l'emancipazione dalla conflittualità e dalla violenza. Nonostante i giornali ci opprimano quotidianamente con quanto di peggio accada nel mondo, è anche vero che, mille anni fa, violenze, sangue, torture e prevaricazioni erano qualcosa di "perfettamente normale" anche nei paesi più civilizzati. Viviamo sicuramente in un'era di rapidissimi cambiamenti (e quindi foriero, se non altro, di una costantemente percepita "crisi") per quello che riguarda l'era contemporanea, ma è pur vero che la suddetta era contemporanea è un'era di diritti umani, di convenzioni sul disarmo internazionale e di una sempre maggiore attenzione nei confronti del lato "sensibile" dell'uomo. E che tutte queste cose sembrano far parte di un cammino già scolpito nella natura stessa del genere umano che, sebbene sia ben lontano da essere giunto ad un suo compimento, riconduce all'innegabile verità della sua esigenza di vivere di unione e collaborazione.

Possiamo dunque affermare che un alto livello di felicità discende innanzitutto da una buona capacità di costruire, vivere ed intendere le relazioni umane. Nonostante infatti molti individui si siano inevitabilmente condizionati a percorrere strade completamente differenti, si può affermare che siamo biologicamente programmati per aprirci, condividere, cooperare e stabilire rapporti intimi e profondi con il prossimo. Lo stesso corpo umano in presenza di queste cose ne guadagna in salute, e secondo alcuni studiosi e mistici questa è addirittura l'unica vera fonte di felicità, nonché unica reale fonte di sollievo dalle angosce umane. Prova dunque sempre ad attenerti alle linee guida che seguono:

Allenati ad accettare e comprendere l'altro

Non pretendere quindi mai dalle persone con cui hai a che fare più di quanto possano fare, dire, o pensare. Non guardarle mai per ciò che erano, per ciò che ti immagini che siano o per ciò che vorresti che fossero. Cerca di capire piuttosto ciò che sono, ciò che pensano e ciò che vogliono. Cerca di entrare nel loro mondo. Cerca di capire come non sempre possano essere in grado di andare oltre le loro abitudini, i loro limiti, o i loro preconcetti più profondi. Essi sono l'universo in cui vivono, al pari di come ciò che pensi e percepisci il più delle volte rappresenta il tuo.

Anche i loro modi di fare e pensare che consideri errati, eccessivi, inaccettabili, anche quelli che provocano azioni palesemente dannose o controproducenti, sono di per sé legittimi, in quanto maturati dalle proprie esperienze, ed elaborati in modo tale da evitare la propria sofferenza e ricercare il proprio bene. Ma soprattutto, dobbiamo sempre ricordarci che è inevitabile che in ogni uomo sia presente un, quantunque non innato ma appreso, barlume di "tenebra". Barlume nato dal fatto che costui abbia prima o poi dovuto fronteggiare delle condizioni di squilibrio di tipo culturale, sociale o emotivo. Proprio come il modo "errato" di assimilare alcune tue esperienze passate ti ha a volte portato a fare, dire, e pensare delle cose che per te oggi non sono più condivisibili.

Cerca di comprendere tutto ciò pensando anche che se tu fossi stato al loro posto, se avessi avuto i loro trascorsi, le loro radici e le loro esperienze, probabilmente saresti uguale, o comunque molto simile a loro.

Certo, comprenderlo o accettarlo non vuole affatto dire che un atteggiamento altrui debba piacerci a tutti i costi, né che dobbiamo lasciar passivamente correre di fronte a tutti quei modi di fare che risultano lesivi o potenzialmente tali.

Non bisogna confondere il concetto di tolleranza con la tendenza ad ignorare un problema. Tuttavia se cercheremo di comprendere, se non addirittura di "vivere" le ragioni, i punti di vista, le esperienze, la cultura e l'umore altrui. Se terremo sempre bene in mente che il mondo è bello anche perché è vario (sai che noia vivere in un mondo in cui tutti quanti sono automi che vanno sempre d'accordo?). Se riusciremo a non farci controllare dall'odio, dalla rabbia, e dall'intolleranza nei confronti di un atteggiamento problematico, o potenzialmente tale, allora semplicemente sapremo anche gestirlo al meglio.

Cresci

Questo slogan è stato coniato da Robert Thomas, maestro Zen, e rappresenta un principio-base da seguire per affrontare in maniera più sana e serena le relazioni con gli altri. In particolare, l'immagine che usa Thomas per spiegare ancora meglio il suo principio (e che molto facilmente si ricollega a quanto detto alcuni capitoli fa sull' "espandere la propria prospettiva" di fronte ai problemi) è quella di un bambino di due anni che urla e strepita per avere un gelato. In quel momento la sua disperazione è totale perché il suo problema rappresenta l'intero universo e non è in grado di avere in alcun modo una prospettiva più larga della situazione. Allo stesso modo, quando qualcuno ci infastidisce, ciò che ci fa più arrabbiare è che quel problema ci sembra l'unica cosa che conti al mondo. Imparando invece a "crescere" mentalmente, e quindi anche a capire che la situazione può essere approcciata da più punti di vista rispetto a quelli che ti vengono istintivamente suggeriti d'impulso, puoi sicuramente affrontare il tutto con un'ottica certamente più intelligente, consapevole e matura.

Un modo per comprendere ad esempio come un atteggiamento insopportabile non sia la fine del mondo? Chiediti che influenza avrà l'atteggiamento dell'insopportabile sulla tua vita tra sei mesi. Questa è una domanda-chiave, sia perché a volte la sua risposta sarà semplicemente "nessuno", sia perché altre volte ancora ci aiuterà a renderci conto del fatto che, in fondo, l'atteggiamento sbagliato di qualcuno può, si, avere influenza sulla nostra vita, ma solo in misura di quanto gli consentiremo esplicitamente di influenzare i nostri pensieri e le nostre scelte. Dice anche il Sun-Tzu, più importante manuale strategico di tutti i tempi, che il più grande (ed a volte unico) potere del nemico è nella sua capacità di destabilizzarci psicologicamente ed emotivamente. Impeditogli questo, e conservata la nostra capacità di focalizzarci strategicamente sulle scelte che risultano per noi più costruttive, il 90, se non 100% del suo potere è automaticamente annullato.

Non prendere mai nulla sul personale

Ricordati ancora una volta che l'enorme complessità dell'universo inevitabilmente produrrà un'enorme varietà di persone, pareri e comportamenti. Varietà. Una parola in cui è racchiusa l'essenza stessa dell'universo e delle creature che lo popolano. Imparare a gestire ogni diversità ed a non vederla, come accade spesso, come un attacco alla propria persona, alla propria essenza ed ai propri valori, è alla base di un armonioso e sereno rapportarsi con il mondo.

Troppo spesso però può capitare di prendere sul personale tutti i momenti in cui queste differenze si concretizzano in contrasti, opposizioni, divergenze, se non addirittura veri e propri rifiuti. E quindi di interpretarli automaticamente ed irrazionalmente come un attacco alla propria autostima, alla propria immagine di sé, alla propria credibilità, e ad idee, principi o valori a cui si tiene particolarmente.

"Per credere nel proprio cammino, un guerriero della luce non ha bisogno di dimostrare che quello dell'altro sia sbagliato."
(Paulo Coelho)

"Non sempre la gente è pronta ad aprirsi. Io a volte sorrido alle persone, e questo le porta a guardarmi ancora più sospettosamente. La gente ha i suoi problemi e le sue frustrazioni, ma anche se non reagiscono immediatamente, non mollare."
(Tenzin Gyatso)

Ma il segreto per evitare questa trappola è semplicemente nel punto precedente: *cresci!* Ricorda che l'universo non ruota intorno a te (neanche nel senso negativo del termine) e supera gli schermi ed i filtri dei tuoi pregiudizi e delle tue emozioni.

Prova a distaccarti dai pregiudizi nella tua percezione e valutazione degli altri, tieni a mente che l'altro è una "realtà a sé stante", in gran parte indipendente dal tuo controllo e dalla tua responsabilità, e *r*icordati che la sua realtà mentale è fatta di schemi e modelli parziali al pari di tutte le realtà mentali. Pertanto, per quanto essa possa sembrar valida, ragionevole, funzionale, o addirittura ovvia, discende da un modo incompleto di guardare ed interpretare il mondo e sé stesso. Coloro che naturalmente seguiamo per affetto o per istinto non si sottraggono a questa regola. E lo stesso vale per coloro che sembrano davvero sapere il fatto proprio.

Adottando quest'ottica ti renderai conto del fatto che nel 99% dei casi non esistono "azioni personali" rivolte a te con lo specifico intento di danneggiarti, contrastarti, mortificarti o farti cambiare un'idea, ma solo manifestazioni dell'interiorità altrui, spesso inquinata da fattori non dipendenti da te come sofferenza, paura, infelicità, timidezza, trascorsi conflittuali. Dunque, così come può capitare che qualcuno riversi queste cose su di te, è ovvio che essendo manifestazioni della propria interiorità le riverserà in forme più o meno simili anche su altri.

E ricorda anche sempre che spesso più qualcuno mostra astio ed aggressività e più avverte un senso di minaccia, paura od inferiorità nei confronti del proprio interlocutore. Senza queste sensazioni la sua aggressività non avrebbe ragion d'esistere.

Non dare mai agli altri la colpa dei tuoi problemi

Per quanto una persona ci possa irritare, ostacolare, minare i nostri spazi, i nostri principi o le nostre credenze, la verità è che l'origine dei nostri problemi siamo noi ed il nostro modo di relazionarci ad essi.

Questo, lo ripeto di nuovo, non vuol dire disconoscere il fatto che gli altri possano effettivamente crearci dei problemi attraverso le loro azioni, ma piuttosto rendersi conto del fatto che le altre persone altro non sono che circostanze attraverso cui tornano alla luce problemi nostri nel vivere, agire e relazionarci con il mondo, e che se non siamo noi i primi ad imparare ad affrontarli e superarli, continueremo a vedere negli altri i responsabili dei nostri problemi, ad addossare loro la colpa della nostra infelicità e a vederli come specchio dei nostri demoni interiori. Inutile dire che questo comprometterà ogni tentativo di trovare qualunque compromesso o punto d'incontro con chi ci circonda.

Impara, ma tieni sempre fede ai tuoi principi, alle tue sicurezze ed al tuo amor proprio. La tua vita sarà sempre piena di persone, pareri e comportamenti che attenteranno alle tue sicurezze, e non bisogna confondere la sensazione di disagio che ne deriva con la sensazione di avere fatto, detto o pensato qualcosa di sbagliato. O addirittura di "essere" in qualche modo sbagliato. Smontare infatti una propria certezza ogni volta che si presenti un dubbio vuol dire semplicemente arrestare sul nascere ogni progresso o speranza di evoluzione.

"Fintanto che ti preoccupi di quello che gli altri pensano di te, appartieni a loro."
(Neale Donald Walsch)

Va bene valutare le informazioni che ci procurano dubbi e disagi, ma è nostra responsabilità sfruttarle adeguatamente.

Nessuno può entrare nel nostro cervello a dirci cosa farne o come reagire di conseguenza d'altronde, e *se* le accetteremo automaticamente come tali, quel che è peggio, addirittura ingrossandole ed estremizzandole, lasceremo automaticamente definire all'interiorità di qualcun altro chi siamo ed in cosa dobbiamo credere; se invece, al contrario, le respingeremo tutte, avremo sempre grosse difficoltà ad espandere i nostri livelli di pensiero e comprensione, nonché ad arricchire i nostri rapporti con gli altri.

Piuttosto dobbiamo impedire agli automatismi di fare tutto il lavoro e riprendere consapevolmente le redini del nostro pensiero nonché delle scelte che ne conseguono. Distinguere tra informazioni provenienti da altri ed interpretazioni nostre. Capire finalmente che le nostre interpretazioni sono solo un indizio sulla nostra percezione, mentre le informazioni concretamente provenienti dagli altri sono informazioni su loro stessi e basta. Pertanto, non è importante quanto tutte queste cose possano essere "vere" o meno. L'unica cosa importante è usare il nostro pensiero per capire quanto esse possano aiutarci a crescere, costruire, a migliorare situazioni ed a risolvere problemi. E che qualora questa utilità venga a mancare, le informazioni in questione non ci sono necessarie. Viceversa, nel momento in cui tale utilità sarà manifesta e progetteremo di trarne vantaggio, avremo fatto nostre preziose risorse di cui non avremmo altrimenti potuto mai beneficiare.

"Un guerriero della luce non perde il proprio tempo ascoltando le provocazioni: ha un destino che deve essere compiuto."
(Paulo Coelho)

Comprendi la differenza tra unione ed omologazione

Lo psicologo tedesco Erich Fromm sosteneva che la felicità che molti di noi percepiscono a seguito dello stabilirsi di un rapporto armonioso fosse nel fatto che attraverso esso trascendiamo i limiti della nostra individualità. Rompiamo le barriere di un isolamento nel quale versiamo da quando abbiamo acquisito consapevolezza di noi stessi come individui, ed arriviamo a letterali esperienze di unione con un'altra persona. Tuttavia è bene precisare che quest'unione è benefica solo quando l'io ne esce preservato ed arricchito, e non svilito né omologato. Altrimenti è omologazione e non produce felicità ma disagio. Pretendere quindi in un rapporto uniformità od assenza di contrasti a tutti i costi comporterebbe solo violenza, nei confronti tanto degli altri quanto di sé stessi.

"Uno dei pazienti di Lecky era un venditore che aveva paura di andare a fare visita agli alti dirigenti delle società clienti. Lecky gli chiese: "Accetteresti di metterti in ginocchio in ufficio e di prostrarti davanti a un superiore?". "Direi di no", replicò il venditore. "Allora perché ti inchini e ti umili nella tua mente? Ti rendi conto che fai essenzialmente la stessa cosa quando ti preoccupi troppo di essere approvato? Riesci a capire che stai letteralmente elemosinando l'approvazione di te come

persona?"
(Michael Michalko)

Per compassione ed empatia non avere dunque mai il timore di dire la tua, di andare "contro", di incontrare dissenso. Non lasciare che la paura delle critiche o delle divergenze ti blocchi o ti influenzi più di quanto sia necessario. Ricevere critiche, incontrare dei dissensi, fare arrabbiare qualcuno, è un prezzo necessario da pagare per poter compiere qualunque azione costruttiva all'interno del mondo umano. Non potrai fare in alcun modo sì che tu o le tue scelte piacciano sempre a tutti, neanche se hai dentro di te l'amore più grande del mondo, il piano più geniale di sempre o le intenzioni più straordinarie sulla terra. Quindi tanto vale assumersi sempre la responsabilità di perseguire la propria visione interiore, qualunque sia il costo che ciò possa comportare.

"Per evitare le critiche, non fare niente, non dire niente, non essere niente."
(Elbert Hubbard)

"Non posso darti una formula certa per il successo, ma posso darti una formula per il fallimento: fa il possibile per piacere sempre a tutti quanti."
(Herbert Bayard Swope)

"La maggioranza degli individui che falliscono è di solito facilmente influenzabile dalle opinioni altrui, finendo talora per farsi ingannare o permettendo che i giornali o i pettegoli pensassero per loro."
(Napoleon Hill)

Lo scegliere di mettersi in gioco nonostante il rischio di non essere approvati è indice di maturità, responsabilità, rispetto di sé, ma soprattutto è serena consapevolezza del fatto che tutte le idee inevitabilmente per emergere nel mondo dovranno affrontare delle "correnti contrarie" anche molto forti. E che, al contrario, chi durante il proprio percorso non incontra mai critiche, giudizi o conflitti, allora molto probabilmente si sta muovendo all'interno di una linea di comfort che, pur proteggendolo, limiterà di parecchio i suoi risultati. Specialmente se si considera che, strutturalmente parlando, le strade più pregne di risultati saranno anche le più folli, le più difficili, le più rischiose, le più impensabili. Ovvero, quelle che nella maggioranza dei casi attireranno a sé più rifiuti, critiche, giudizi, conflitti in assoluto.

È una legge fisica, naturale ed imprescindibile del mondo umano. Basti pensare a come la storia insegni quanti grandi uomini siano stati oggetto di scherni, critiche, se non addirittura vere e proprie persecuzioni. Cartesio, Galileo Galilei, Giordano Bruno ne sono solo alcuni esempi. Ma spesso è stato proprio il perseverare nonostante ciò a farli emergere dalla massa e renderli grandi. Probabilmente se si fossero preoccupati troppo di piacere a tutti i costi, tutto il loro talento, le loro idee, la loro creatività, e tutto il modo in cui ciò ha portato progresso all'umanità, sarebbe rimasto completamente mortificato, seppellito, annichilito.

"Se dovessi leggere, non dico rispondere, tutti gli attacchi diretti contro di me, dovrei chiudere bottega ed occuparmi solo di questo. Faccio quello che posso, ed intendo continuare così fino in fondo. Se alla fine avrò fatto bene, le critiche non avranno più importanza. Se avrò fatto male, allora anche se dieci angeli venissero a testimoniare in mio favore, non servirebbe"
(Abraham Lincoln)

Ricorda che non hai bisogno di piacere a tutti

Se ci guardiamo indietro, ai momenti che consideriamo "di reale qualità" nella nostra vita, a tutti quelli che sono inevitabilmente rimasti impressi nella nostra memoria, ci renderemo conto inevitabilmente di una cosa: una prima, consistente fetta di essi appartiene ai momenti passati con le persone che realmente contano. A tutti quelli che abbiamo trascorso con chi ci vuole realmente bene ed in cui abbiamo potuto godere del loro supporto, del loro affetto e del loro calore. Una seconda fetta invece, ammesso che non coincida in parte con la prima, appartiene a tutti quelli in cui siamo stati realmente fedeli a noi stessi. Quelli in cui abbiamo realizzato obiettivi che realmente ci appartenevano ed abbiamo preso scelte scaturite dai nostri veri sentimenti e valori.

Ed i momenti passati ad ascoltare tutti gli altri? A fare ciò che non faceva parte della nostra reale sensibilità pur di piacere loro? La verità è che poco hanno contribuito alle nostre giornate e, che queste persone ci approvassero o meno, nulla è mai cambiato per davvero nella nostra vita. Anzi, il più delle volte, questa ricerca non ha fatto che peggiorare le cose, allontanandoci da tutto ciò che per noi era veramente importante. Ricordati quindi sempre che non hai bisogno in alcun modo dell'apprezzamento o di trovare forzatamente un'armonia con chi con, i propri comportamenti, volontariamente o meno, ti logora, danneggia o ti allontana dalla tua natura reale.

Abbi il coraggio di dire la verità

Sai di cosa non ha bisogno il mondo? Dell'ennesima persona pronta a riempire gli altri di balle pur di rifuggire il conflitto e rimanere nella tranquillità. Ciò non vuol dire che dovresti trasformarti in uno st****o da un giorno all'altro. Tuttavia, ricorda che il miglior modo per imparare a rispettarti ed a non sentirti più schiavo dell'altrui giudizio è quello di imparare a dire agli altri ciò che pensi veramente. Con i dovuti modi, con la dovuta gentilezza, facendo sempre sentire l'altro adeguatamente rispettato, ma pur sempre mettendo le carte giuste sul tavolo. Non conta quanto possa essere sconveniente, impopolare o potenzialmente non apprezzata: maturerai davvero quando impari a metterla sul tavolo, ed a capire che le persone con cui vale la pena di rimanere sono quelle che l'accettano per ciò che è.

Ricordati che i diverbi, le incomprensioni, le discussioni ed i scambi di differenti punti di vista sono fisiologici

Tutte queste cose, anche se a volte inevitabilmente "sgradevoli" sono comunque dei "pilastri fondamentali" alla base di qualunque umano rapporto e di qualunque umana crescita: nel percorso del singolo sono la fonte più ricca e preziosa di informazioni che aiutano a crescere, maturare, e potenziarsi, mentre nel percorso condiviso aiutano a mettere sotto la luce del sole prospettive e problemi che spesso solo così possono essere adeguatamente esaminati e, qualora ce ne sia la volontà, risolti. Bisogna sempre riconoscere insomma ogni forma di conflitto come possibile e provare a capire se possiamo crescere riconoscendo i principi da cui il conflitto stesso è scaturito, ma mai demonizzare una posizione conflittuale e mai sentirsene in colpa per alcuna ragione.

Senza contare che non è certamente dalla condivisione totale che derivano i rapporti di stima ed affetto più importanti. Piuttosto questi ultimi nascono da legami più profondi, che resistono e continuano sempre a generar affetto, calore ed appagamento, pur se sulla base di discordanze e visioni contrapposte. Certo, laddove non ci sarà voglia di affrontare tali conflitti costruttivamente, laddove le differenze prevarranno sulle uguaglianze, la rabbia sulla comprensione, l'ego di ognuno sulla reciproca empatia, vorrà dire che i problemi nel rapporto in questione saranno chiaramente di origine più profonda. Ed allora bisognerà agire diversamente, cercando di appianare tali problemi, di porre basi più profonde o se tutto questo dovesse essere inutile o non necessario, di rinunciare ad avere aspettative dal rapporto stesso. Non si può infatti pretendere che nasca affetto, amore, condivisione, empatia dai rapporti con persone con le quali non è fisicamente possibile che cose del genere nascano. Non si può pretendere che tutti piacciano a tutti e non si può forzare la propria vita alla convivenza anche con chi rappresenti un ostacolo per la propria serenità mentale.

"Là dove l'ambiente è stupido, o prevenuto o crudele, è un segno di merito essere in contrasto con esso."
(Bertrand Russel)

Abbraccia mentalmente chi non sopporti

Quando proprio non sopporti qualcuno, prova a ricordare a te stesso che siete sulla stessa barca e che quindi, come te, ha anch'egli i propri problemi e le proprie sfide quotidiane da affrontare. Il suo atteggiamento è sicuramente orribile e distruttivo, ma altro non è che uno specchio dei propri squilibri e del proprio malessere interiore. Magari ciò non ti aiuterà a fartelo piacere da un momento all'altro, ma la maggiore sintonia che ne conseguirà ti aiuterà sicuramente ad essere più sereno. Ah, questa tecnica ti risulta difficile da mettere in pratica? Proprio non ce la fai a costruirti un'immagine mentale in cui abbracci, per esempio, il tuo boss affetto da isteria compulsiva? Beh, allora sai cosa sto per dirti, vero? Il tuo istintivo "rifiuto" altro non è che un ottimo motivo per sforzarti maggiormente di adottarla.

Non accettare mai le finte dicotomie

Quante volte, durante i dibattiti televisivi, si chiede di scegliere tra libertà e sicurezza? Destra o sinistra? Emotività o razionalità? Soldi o salute? La verità? Queste dicotomie sono tutte balle. Trucchetti linguistici che, nel caso televisivo, sono fatti per tenere i telespettatori incollati allo schermo e produrre facilmente delle "squadre" in contrasto tra loro. Non devi per forza scegliere tra "dentro e fuori", "si o no" e "con me o contro di me" e chi ti mette di fronte a queste scelte sta quasi sicuramente cercando di manipolarti o di trascinarti nella limitatezza dei suoi stessi binari. Se i tuoi parenti, i tuoi amici, i tuoi colleghi, i tuo superiori, cercano di importi delle strade chiuse, ricorda che sta sempre e comunque a te decidere dove camminare, e che sta a te farlo in maniera tale da scegliere il "terzo binario" che più ti aiuti a coltivare il giusto rispetto per te stesso.

Impara a dare nel modo giusto a chi ti circonda

Ma che vuol dire "dare nel modo giusto"? Basilarmente, vuol dire farlo conferendo un valore significativo, e magari duraturo, alla parte a cui si dà, meglio ancora se in maniera dall'altro inattesa. Vuol dire dargli il proprio sincero interesse, il proprio calore umano, il proprio umorismo, la propria capacità di suscitare emozioni e tutto quanto di meglio ci contraddistingue come esseri umani prima ancora di tutto il resto. Vuol dire dargli soprattutto modi, spunti, tecniche, quando la situazione lo consente, con cui impari a crearsi valore autonomamente. Vuol dire non scadere mai nella mera forma, nell'autoumiliazione, nella volontà di ripulirsi la coscienza da un senso di colpa, nell'arrendevolezza, nella stucchevolezza fine a sé stessa, nel desiderio morboso di compiacere l'altro a tutti i costi. Vuol dire non dare mai per abitudine o per paura di affrontare il dissenso altrui. Dare è un atto che elargisce il suo massimo beneficio quando punta *disinteressatamente alla creazione di relazioni durature, di condivisione di risultati comuni,* ed anche quando queste cose non dovessero sussistere, è il miglior modo di esprimersi nelle vite altrui dando un alto esempio di eccellenza. Pertanto, quando viene contaminato da fattori come quelli appena elencati, perde la sua stessa ragion d'essere.

"Che cosa accadrebbe se andaste dalla terra a dirle: 'Dammi frutti, dammi piante"? Probabilmente, la terra vi risponderebbe: "Scusi, caro signore, ma lei dev'essere un tantino fuori strada; evidentemente è un novellino. Non è così che il gioco funziona." Poi la terra vi spiegherebbe che è necessario che gettiate il seme, che ne abbiate cura, innaffiandolo e zappando, concimando il suolo, proteggendo e nutrendo le nuove piantine;

e se lo fate bene, prima o poi ne avrete frutto. La richiesta alla terra potrete rivolgerla in eterno senza che la situazione cambi di un acca. Dovrete continuare a dare, a nutrire e curare il suolo perché dia frutto, e lo stesso vale per la vita, tutta quanta."
(Anthony Robbins)

Ricorda infine sempre che *mantenere, nel tuo dare, dignità, serenità e rispetto nei tuoi confronti è fondamentale.* È come in aereo durante un'emergenza: se vuoi aiutare gli altri a mettersi la maschera d'ossigeno, devi mettertela tu per primo oppure rischierai di soffocare.

"L'errore non è nell'istinto individuale e nemmeno nella sensibilità collettiva, l'errore consiste sempre nel trascurare una cosa a favore dell'altra. L'egocentrismo, quello della massima libertà, che però non prende in considerazione la collettività nel complesso porta ad una degenerazione dei valori fino ad una ricerca sfrenata di potere. Invece l'imposizione di attività collettive che trascurino l'enorme energia portata dall'appagamento personale, vengono presto accantonate e sostituite da altre più forti e soddisfacenti. Bisogna avere allora una visione d'insieme della vita come individuale e collettiva allo stesso tempo. Iniziamo allora a non demonizzare l'attività individuale, che è una delle spinte fondamentali dell'uomo. Attingiamo invece energia da essa e sfruttiamola per migliorare anche la qualità della vita a livello collettivo."
(Marco Canestrari)

XIII - La dimensione del tempo assoluto

"Tempo, spazio e causalità sono la lente attraverso la quale si vede l'Assoluto ... nell'Assoluto in se stesso non ci sono né tempo, né spazio, né causalità."
(Swami Vivekananda)

Sono moltissimi gli spunti all'interno dell'umana cultura ed esperienza che parlano del tempo come figlio di una comune "limitatezza della percezione". Se per esempio Einstein ha dimostrato quanto esso sia relativo e dipendente unicamente dalla presenza e dalle caratteristiche di un osservatore, già diversi filosofi greci, come Plotino nel III secolo Avanti Cristo, parlavano di un'esistenza nel tempo come esistenza imperfetta. Senza contare per esempio alcune culture come quella aborigena che, essendo abituate ad un costante contatto con la natura, non contemplano affatto tale parola nel loro linguaggio d'origine. Per loro non ci sono "frecce" del tempo, o scadenze da rispettare, c'è solo una sorta di "eterno presente" soggetto a dei cicli universali atti a rappresentare l'eterno avvicendarsi degli eventi.

"L'uomo bianco non sogna
Lui va lungo un'altra strada
L'uomo bianco va in maniera diversa
La sua strada appartiene solo a lui."
(Detto Aborigeno)

E pare affascinante la teoria secondo cui l'uomo in qualche modo percepisca e soffra da sempre proprio questa "separazione dall'eternità", questo "essere stato gettato nel tempo", per poi ricercare, anche inconsapevolmente, il contatto con una *realtà atemporale* come soluzione reale e definitiva alle proprie ansie ed al proprio innato senso di "isolamento" rispetto al resto dell'universo. E laddove i grandi maestri spirituali vi fanno ritorno proprio con la meditazione, ecco che l'uomo occidentale, oltre che attraverso l'amore romantico, il sesso ed occasionali ritorni al contatto con la natura, vi fa capolino *con la fantasia ed il sogno*. Tramite tutte queste cose infatti egli può molto semplicemente ritornare *"in terre mitiche, lontane, che risiedono al di là del tempo"*. Allontanare da sé quel senso di angoscia ed incompletezza che lo assilla, e tornare anche se per poco *tutt'uno con la realtà che lo "avvolge" e le sue infinite potenzialità.*

Ne consegue che l'ultimo e fondamentale passo di cui parleremo per "portare a compimento" il nostro percorso da "guerrieri spirituali" consiste nel capire, e pertanto evitare, gli "errori" più comuni che la nostra mente effettua nella propria percezione nel tempo. Scappare dall'ansia dell'essere costantemente in balia del "flusso del tempo" per tornare alla percezione dell'ora, del momento, del tutto e quindi *della "vita vera" in quanto tale.* Vediamo come:

Non lasciarti ossessionare dalla razionalizzazione del tempo

Si, tutti noi occidentali siamo almeno in parte ossessionati dalla razionalizzazione del tempo. La nostra è la cultura della superproduttività e quindi *ogni azione deve essere rapida, frenetica, calcolata al decimo di secondo, e uno "spreco di tempo" quasi finisce per diventare un crimine*. Ed ecco che allora in questo contesto la sensazione diventa freddo calcolo, il vivere diventa timorosa attesa, e mentre gli attimi diventano una cascata che ci travolge immobilizzandoci, le angosce quotidiane *ci opprimono sempre di più.*

Sia chiaro, non è del tutto sbagliato puntare a massimizzare il risultato di un'azione entro una determinata scadenza, organizzare al meglio il proprio tempo ed evitare sprechi di tempo inutili. Tutto sta però nel riconoscere un modello di tempo "a scadenze da organizzare al meglio" come *convenzione da limitare allo stretto necessario* e non come "forma" a cui adattare l'intero sistema di percezione della realtà.

Cerca dunque di non dimenticare mai di dare la priorità, piuttosto che al razionalizzare ed organizzare, *all'agire, al fare, all'immergerti nel tuo quotidiano ed al vivere il tuo tempo in maniera intensa e profonda, in ogni sua minima parte.* Ovviamente infatti a poco servirebbe avere a propria disposizione del tempo "risparmiato" se poi lo buttassimo completamente vivendolo di fretta e "male". Ed allo stesso modo, cerca di *non sacrificare la qualità di un risultato in virtù del semplice risparmio di tempo.* Il risparmio di tempo avuto adesso potrebbe comportare costi molto più alti in futuro in termini pratici, psicologici, sociali ed individuali. Questo non vuol dire ambire ad uno sciocco perfezionismo, ma *non cadere schiavi della fretta e sapere giustamente puntare a risultati tanto efficaci quanto durevoli.*

"L'uomo moderno crede di perdere qualcosa quando non fa le cose in fretta; eppure non sa che cosa fare del tempo che guadagna, tranne che ammazzarlo."
(Erich Fromm)

Non divenire uno schiavo del passato

Ricorda che *il passato è morto, non c'è più, è pietra impossibile da scolpire e parte di quell'ordine naturale e definitivo delle cose su cui non è tenuto più ad intervenire alcun essere umano.* Ma sopratutto, essendo la memoria di esso spesso filtrata e distorta, attaccarci ad esso è spesso fonte di innumerevoli condizionamenti mentali che nel presente non fanno altro che limitarci, bloccarci, depotenziarci ed avvilirci. Dunque anche se gli eventi passati in qualche modo non ti piacciono, ti intristiscono, ti comunicano un cattivo messaggio su di te o su altre cose o persone, fermati. Non lasciartene condizionare in eterno. Ciò che è stato è stato ed il passato, seppur con tutte le sue negatività, non è certo un marchio che verrà impresso a fuoco su ogni attimo, azione, scelta o pensiero della nostra vita attuale, a meno che non decidiamo noi stessi di dargli questo ruolo.

L'universo intero in realtà è in costante cambiamento, ed ogni trascorso problematico svanirà definitivamente nel nulla se comprenderemo di avere qui, adesso, tra le mani un presente che possiamo influenzare con le nostre scelte ed i nostri sforzi. L'unica cosa utile pertanto che puoi fare con il passato è: *usalo come fonte di spunti per migliorare il tuo presente.* Esaminalo anche, ma obiettivamente, con distacco, senza lasciarti trascinare dalle emozioni o dai pregiudizi che esso porta con sé. Cerca di capire come puoi usarlo per comprendere, per imparare, per evolverti e per desumere da ogni parte di esso l'insieme di aspetti che ti possono essere più utili in virtù delle tue azioni presenti e delle tue intenzioni future. Il resto è manipolazione che intenti a te stesso.

"Soltanto un fantasma volteggia attorno al proprio passato e spiega se' stesso con la vita che ha già vissuto. Tu non sei quale in precedenza hai deciso di essere, ma quale oggi scegli di essere."
(Wayne Dyer)

"Ora è il primo istante del resto della tua vita. Un'azione fatta ora può cambiare tutto per sempre."
(Yamada Takumi)

Ricordati che la vita reale di ogni uomo si realizza sempre ed unicamente nel presente

Può sembrare banale, eppure la tua mente non ne è mai consapevole del tutto: solo nel presente realmente *ci sei, pensi, sogni, desideri, ami, esprimi volontà e realizzi.* Il resto non esiste. Il nostro ora è la nostra eternità. Ed anche quando arriverà domani, o dopodomani, o il momento di una battaglia, o dell'amore, o della felicità, o della morte, sarà sempre e solo il nostro ora a farvici assistere. È una percezione dalla quale *"non possiamo scendere"*, e da come decideremo di viverla dipenderà pertanto *semplicemente tutto.*

"Non vi sono divisioni temporali quali passato, presente e futuro, poiché sono contratti in un unico momento del presente in cui la vita freme nel suo vero significato."
(Il Gandavyuhasutra)

"L'assoluta tranquillità è il momento presente. Sebbene sia in questo momento, questo momento non ha limiti, e quivi è eterno diletto."
(Zen Huineng)

Certo, se la buttiamo su una prospettiva prettamente logico-razionale, il presente *è solo un istante*, l'istante più piccolo immaginabile, e visto che nel momento stesso in cui proviamo anche solo ad immaginarlo non c'è più, potrebbe apparire come un concetto vuoto o insensato. Ma questa è solo un'altra delle brutture che possono prodursi nel momento in cui proiettiamo la nostra ossessione di razionalizzazione del tempo sull'intero sistema percettivo con cui intendiamo le cose di ogni giorno. Proviamo invece ad abbandonare la rigidità e l'incompletezza di questa classificazione. *Proviamo a "sentire" ciò che ci circonda, a percepire non uno scorrere, ma l'universo e la vita stessa in cui siamo immersi* e capiremo che *il tempo non esiste.* Ci siamo solo noi, ed una scelta: quella di vedere l'esistenza come un continuo scorrere di sabbia che ci sfugge dalle mani, o come una distesa infinita di cui siamo parte viva, attiva ed integrante.

"Ciò che è stato è stato, non preoccupartene. Non portartelo dietro come un fardello, altrimenti non ti permetterà di essere autentico nel presente. Tutto ciò che non è ancora stato, non è ancora stato. Non preoccuparti del futuro, altrimenti si insinuerà nel presente, distruggendolo. Sii vero rispetto al presente, e sarai autentico. Essere qui e ora vuol dire essere autentici. Né passato, né futuro: questo momento è tutto, è tutta l'eternità."
(Osho)

"La maggior parte delle persone crede che il tempo trascorra; in realtà esso sta sempre là dov'è. Questa idea del trascorrere può essere chiamata tempo, ma è un'idea inesatta; infatti, dato che lo si può vedere solo come un trascorrere, non si può comprendere che esso sta proprio dov'è."
(Dogen, Maestro Zen)

La nostra vita sarà infatti una semplice e misera sequenza di attimi transitori solo se noi la considereremo tale. Se invece dimenticheremo di fossilizzarci su cognizioni inconsistenti come quella di "attimo" e semplicemente inizieremo *a vivere intensamente, ad agire, a scegliere e ad esserci con tutti noi stessi,* allora il tempo non esisterà più se non come semplice punto di riferimento. E l'unica cosa che esisterà realmente sarà la vita come creazione, come crescita, come continuo apprendimento e continuo miglioramento. Ma sopratutto come esistenza nel senso più profondo, energico, vivido, penetrante del termine.

"Peserà sempre di più un'ora nella quale ogni singolo elemento sarà stato vissuto in maniera vivida, incisiva, penetrante, e nella quale ogni singolo gesto sarà stato uno splendido ed energico manifestarsi di potenza piena e profonda espressione, che non un milione di anni passato nell'ombra

dell'attesa di qualcosa."
(Yamada Takumi)

Innanzitutto quindi *impara a non far fuggire continuamente le tue percezioni verso tempi od oggetti illusori ed inesistenti*, ma concentrati, osserva, senti, poni la tua completa attenzione sul momento, sul mondo reale che ti circonda e su ciò che stai facendo in questo momento. Ma anche sulla tua mente, sul tuo corpo, sulla loro bellezza, sulla loro profondità, sulla loro unicità. Sulla fragilità di qualcosa che domani potrebbe non essere più. Non rendere la tua esistenza *un indugiare su eventi che non ti sfiorano se non nel mondo della tua mente, su persone che nemmeno esistono se non nella tua fantasia. Il meglio non c'è già stato e non deve ancora venire, perché ciò che c'è già stato e ciò che deve ancora venire semplicemente non esiste.* Il meglio è in quella complessa arte che costituisce l'unica cosa realmente esistente, ossia *l'adesso, con tutte le sue gioie, i suoi dolori e le sue imperfezioni.*

"Il momento più importante è adesso. La persona più importante quella con cui ci si trova. Gli strumenti più potenti quelli che abbiamo sottomano. Le informazioni più importanti quelle che giungono ai nostri sensi ed elaboriamo con mente e cuore ORA."
(Anonimo)

"Si dovrebbe imparare a concentrarsi in ciò che si fa, ad ascoltare la musica, a leggere un libro, a conversare con una persona, a guardare un panorama. L'attività, in quel preciso momento, dev'essere la sola cosa che conti, alla quale darsi completamente. Se ci si concentra, importa poco ciò che si fa; le cose importanti, così come quelle poco importanti, assumono una nuova dimensione, perché hanno la nostra completa attenzione."
(Erich Fromm)

Già, gioie, dolori ed imperfezioni. Perché uno dei motivi più importanti per cui rifuggiamo l'adesso è proprio che molto spesso *non amiamo fronteggiare alcuni aspetti del nostro presente.* Ed allora nel nostro cervello scatta un meccanismo che fa eternamente proiettare la nostra aspettativa di realizzazione in un futuro non ben definito nel quale, ovviamente non si sa come, i problemi saranno tutti finiti o risolti. Oppure, peggio ancora, ci fa vivere in dei veri e propri mondi illusori per farci rifugiare dalla realtà: i nostri ricordi felici, uno schermo televisivo, un libro, le vite degli altri, **i feed del nostro iPhone**. Cerca però di ricordare sempre che le uniche persone prive di problemi ora sono in un cimitero. Le sofferenze e le difficoltà sono infatti alla base dell'esistenza. E quindi ti aprirai alla vita completamente solo quando avrai imparato ad accettare l'adesso con tutto ciò che di positivo e di negativo ha con sé. Può non essere facile, *ma nessuno sostiene che dovrebbe esserlo.* E soprattutto è qui che potrebbero venire in tuo aiuto sia i concetti espressi nel capitolo II che quelli visti nel capitolo VI, quando abbiamo parlato dell'*esercizio alla gratitudine.*

"Guardi. Nella vita sorgeranno sempre dei problemi. È semplicemente impossibile attraversare l'esistenza senza incontrarne. Non esiste un avvenimento dal quale trarre il cento per cento di soddisfazione, giusto? Un po' di insoddisfazione ci sarà sempre. Più sappiamo accettare questo fatto, e più saremo in grado di affrontare le delusioni dell'esistenza. Prendiamo come esempio una persona a cui piaccia mangiare cose dolci ma non cose amare. A questa persona piace un frutto particolare, un frutto dolcissimo ma con un leggero gusto amarognolo. Il frutto continua a piacergli, e quel tocco di amaro non lo induce a smettere di mangiarlo. Se vuole continuare a godersi quel frutto deve accettare quella punta amarognola. Non si può separare il dolce dall'amaro, i due gusti saranno sempre mescolati. Nella vita accade lo stesso. Finché sei vivo, la vita ti riserverà cose buone, ma anche qualche problema sgradevole. Questa è la vita."

(Tenzin Gyatso)

Certo, spesso *si confonde l'accettazione con la passività* quando in realtà, come visto anche nel primo capitolo del libro, l'accettazione è paradossalmente la via più attiva e concreta che esista per fronteggiare la sofferenza. È la via illustrata dal Buddha migliaia di anni fa. Nascondere ciò a me stesso non servirà a niente e quindi tanto vale capire come posso trarre il massimo dal momento presente nonostante esso. Capire come non lasciare che ciò che c'è di male offuschi tutto il bello celato nel momento presente. L'alternativa è un eterna fuga dall'adesso fino a morire senza aver mai vissuto veramente. È l'eterna ricerca della felicità in una dimensione differente. In un luogo che in realtà non vorrei trovare mai, perché in cuor mio so che qualora lo raggiungessi vi trascinerei i miei problemi, e qualora mi rendessi conto del fatto che poco o nulla sarà cambiato, insostenibile sarà la delusione nel sapere di avere inseguito meno che l'ombra di un'illusione."

"Amerò il sole per il modo in cui scalda le mie ossa; ma amerò allo stesso modo la pioggia, per il modo in cui rinfresca il mio spirito. Amerò la luce per il modo in cui mi consente di scorgere ogni cosa; ma amerò allo stesso modo il buio, poiché grazie ad esso posso ammirare le stelle. Accoglierò le ricompense, esse sono quanto merito per i miei sforzi; ma allo stesso modo accoglierò gli ostacoli, poiché non rappresentano che la mia prossima sfida."
(Og Mandino)

Quindi decidi sempre di esprimere *volontà positiva ora.* Volontà di creare, migliorare, costruire, riparare, divertirti, stare bene, essere felice ed entusiasta. Non ci sono illusioni che tengano, è l'atto di esprimere una volontà fortemente positiva adesso a creare una vita fortemente positiva. Nient'altro. E se sfrutterai sempre il tuo "ora" per lamentarti dell'oscurità invece che per accendere una candela o rilassarti nel buio non sarai mai in grado di realizzare né godere di nulla. Così come se, invece di sfruttare i limiti che la percezione del tempo ti offre per fare il massimo entro di essi, rimanderai sempre tale suprema espressione a tempi che non esistono, semplicemente "uscirai fuori dal tempo". Deciderai di prendere il più grande potere che ti è stato consegnato, rinchiuderlo in una cassaforte, e gettare quest'ultima nella discarica.

"Credi che il coniuge ideale, bambini, denaro ecc, ti faranno "sentire" meglio? Però, quando finalmente avremo quelle cose che stiamo perseguendo, chi ci farà sentire bene? Se devi avere una regola per la felicità, fa che sia questa: "Niente deve succedere per farmi sentire bene! Mi sento bene perché sono vivo! La vita è un dono e me la godo". Abramo Lincoln disse "La maggior parte della gente è tanto felice quanto decide di esserlo." La storia della sua vita e le storie di altri che hanno trionfato sulle tragedie, testimoniano che siamo noi ad avere il controllo della nostra sorte. Adotta questa regola e decidi di elevare le tue massime per l'unica cosa su cui hai il controllo assoluto - te stesso. Impegnati ad essere intelligente, flessibile e creativo abbastanza da trovare continuamente un metodo per guardare la tua vita in modo che qualsiasi esperienza diventi più arricchente."
(Anthony Robbins)

Rendi il futuro uno strumento per valorizzare il presente

Tutto questo discorso sul concentrarsi sul presente non vuol dire che dobbiamo rinunciare alla bellezza del porsi un'aspettativa, del coltivare la propria immaginazione o del coltivare un sogno che abbiamo dimenticato nel cassetto. Piuttosto vuol dire non dimenticare mai che comunque *sarà il lavoro intenso, profondo, e creativo di adesso a dare forma ad ogni aspettativa per domani.* Il predisporre pezzi ora a consentire ad un sogno di essere costruito sulle ignote fondamenta di ciò che verrà. E quando proprio quel domani sarà il nostro ora, sarà la nostra capacità di cogliere l'intensità, la bellezza, la profondità dell'adesso a dargli un significato. Ed a quel punto, a spingerci verso il desiderio di progettare immediatamente un nuovo sogno da inseguire, non sarà la nostra eterna insoddisfazione ma la nostra consapevolezza profonda, unita alla nostra voglia di abbattere barriere senza sosta e di progredire senza mai fermarci. Allo stesso modo, vivere il presente *non vuol dire dimenticarsi che prima o poi le cose che ci circondano avranno fine.* Anzi, il fatto stesso che in questo piano dell'esistenza il tempo ci ponga delle inevitabili scadenze altro non è che un invito a vivere ancora di più al massimo, ed a concentrare al massimo le espressioni delle proprie energie.

"Ogni singolo secondo è un'occasione per rivoluzionare completamente tutto. Non credere che sia mai troppo tardi, né che sia impossibile. C'è sempre qualcuno più anziano e con molti più problemi di te che ha appena cominciato a farlo, e con tutta probabilità ci riuscirà."
(Yamada Takumi)

Ci siamo...

Prima cosa... congratulazioni! Hai appena terminato il libro! Speriamo vivamente che il viaggio contenuto in esso ti abbia già di per sé rasserenato, reso più tranquillo, rafforzato in te la consapevolezza che *nel tuo animo ci sono strumenti ben più grandi e potenti delle difficoltà che esso dovrà inevitabilmente fronteggiare.*

Ma perché ovviamente il contenuto di quest'opera abbia efficacia massima... rileggila, medita sui concetti che vi sono contenuti, approfondisci, fatti domande, chiediti quanto gli strumenti contenuti in essa possano aiutarti a vincere le tue battaglie, a realizzare i tuoi obiettivi od anche semplicemente a star meglio con te stesso. Ma soprattutto AGISCI senza sosta per realizzare tutto questo al meglio.

Può sembrare difficile raggiungere una vera felicità quando le cose si fanno ardue, eppure ricordati sempre che le difficoltà, i problemi, le sfide, le crisi, sono un'inevitabile parte della vita, ma una volta che avrai imparato ad andare sempre avanti con forza, determinazione, cuore, creatività ed ingegno non avrai davvero più nulla da temere, e nulla da temere avrà chi avrà la fortuna di poter stare al tuo fianco.

Insomma... VAI SEMPRE AVANTI A TESTA ALTA E BUONA FORTUNA!

Grazie a tutti i maestri spirituali che mi hanno guidato ed illuminato durante la scrittura di quest'opera.

Grazie a Danilo per avere diffuso, impaginato e supervisionato il libro.

Ed ovviamente, ancora grazie mille a te, lettore, per averlo acquistato!

Ma c'è di più...

Se ti va di seguirci ed essere anche tu parte di questo bellissimo progetto che stiamo provando a creare:

Sito ufficiale: https://www.kintsugiproject.net

Instagram: @kintsugiprojectita

Facebook: https://www.facebook.com/kintsugiprojectita/

Perché il materiale che abbiamo da offrire, in realtà, non finisce certo con questo libro!

La nostra collana di libri è infatti l'orgoglioso risultato di tantissima ricerca, tantissimo studio e tantissimo lavoro sui temi trattati. Abbiamo infatti fatto il possibile perché ognuno di essi fosse completo, corposo, innovativo, e facesse la differenza rispetto ad eventuali testi sullo stesso argomento già presenti sul mercato. Tutti disponibili sia in formato cartaceo, perfetto per gli amanti del libro classico, che elettronico, ideale per chi ama la praticità e l'amore per l'ambiente del formato digitale.

E non ci fermiamo ai libri. Stiamo provando a costruire la nostra serie di cards, gadget, diari, e tanti altri piccoli oggetti preziosi con cui studiare, crescere, rigenerarsi, amarsi, costruire ed inventare.

Yamada Takumi
Nuova
10x
Edition
29 STRATEGIE DA GENIO
Corso concentrato di mnemotecniche, lettura veloce e studio efficace
KINTSUGI

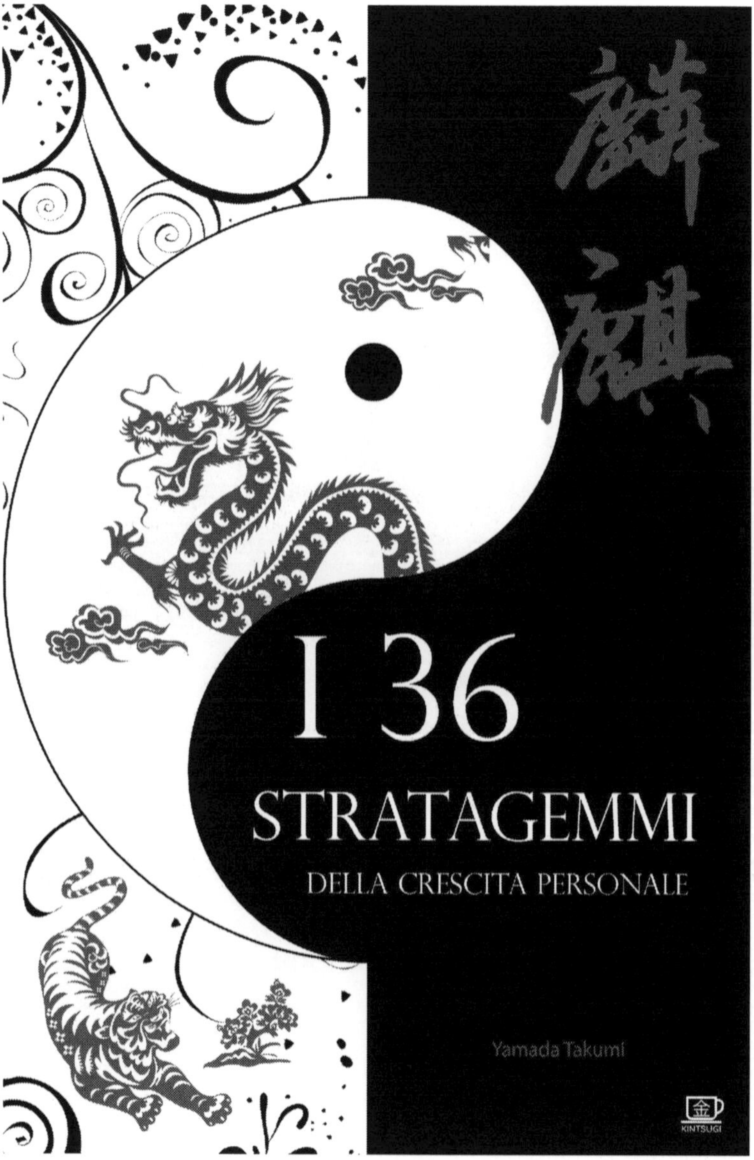
I 36
STRATAGEMMI
DELLA CRESCITA PERSONALE
Yamada Takumi
KINTSUGI

Yamada Takumi
Nuova
Gran
sucesso!
★★★★★
Edizione
LE CHIAVI PER SBLOCCARE
IL TUO MASSIMO POTENZIALE
Guida pratica all'autorealizzazione
KINTSUGI

Yamada Takumi
Prima
Gran
novità!
★★★★★
Edizione
LA SCIENZA
DEL SUCCESSO
Come il metodo scientifico può farti diventare il numero uno,
comprendere meglio il mondo, e vincere le battaglie della tua vita.
KINTSUGI

Yamada Takumi
Nuova
Gran
sucesso!
★★★★★
Edizione
COME ESSERE FELICI
IN UN MONDO DI MERDA
Manuale di sopravvivenza spirituale nel mondo moderno
KINTSUGI

Yamada Takumi
Nuova
Gran
sucesso!
★★★★★
Edizione
COME AVERE IDEE
FANTASTICHE
Viaggio senza ritorno nel multiverso della creatività
KINTSUGI

Yamada Takumi
Nuova
Gran
sucesso!
★★★★★
Edizione
PICCOLA BIBBIA DEL
RIVOLUZIONARIO MENTALE
Impara a rivoluzionare la tua mente e la tua esistenza
in poche, semplici mosse
KINTSUGI

Yamada Takumi
Gran
sucesso!
COME CONVINCERE CHIUNQUE
A FARE QUALUNQUE COSA
... o quasi!
Manuale pratico di persuasione, seduzione e negoziazione
KINTSUGI

Cercali sul nostro sito, kintsugiproject.net, o sullo stesso store da cui hai acquistato questo libro e... buona lettura!

L'autore

Yamada Takumi è laureato in ingegneria informatica, studia filosofia e psicologia da oltre 15 anni e scrive da quasi 10. Le sue collane di libri ad oggi hanno venduto decine di migliaia di copie tra Europa ed USA, venendo menzionate anche su quotidiani nazionali come esempio di self-publishing di successo. Uno dei suoi libri, "La bibbia del calcolo mentale rapido", è stato il libro più venduto su Amazon.it a Giugno 2015, e tutt'oggi, pur mentre viaggia gestendo grandi progetti software in tutta Europa, lavora senza sosta per espandere il "Kintsugi project", con la missione di parlare con persone che, come lui, amano pensare, costruire e creare.

Disclaimer

Ricorda che sei personalmente responsabile dell'uso che fai di quanto contenuto in questo libro e che sei sempre tenuto ad agire equilibratamente, rispettosamente, onestamente e senza danneggiare in alcun modo te stesso od altri esseri viventi.

No, non voglio mettere in dubbio la tua buona fede. Davvero. Ma a precisare l'ovvio non c'è nulla da perdere e solo da guadagnare.

Seconda cosa, ogni nozione, cenno, consiglio inerente la sfera psicologica non è in alcun modo da considerarsi sostitutiva rispetto a qualsiasi tipo di pratica psicoterapeutica ufficialmente riconosciuta dalla comunità scientifica.

Insomma: leggi, divertiti, aiutati con i consigli e le strategie che vi hai trovato, ma ricordati sempre che per aiutarti a risolvere i problemi più gravi ci sono pratiche da svolgere dal vivo con professionisti appositi.

Infine, per qualunque passo qui contenuto e citato da altre opere, l'autore si appella al diritto di citazione, alle norme sul fair use e non intende ledere economicamente in alcun modo autori od editori terzi. Ogni contenuto qui presente appartiene al legittimo proprietario e l'autore invita a supportare, ovviamente laddove possibile, gli autori citati. Per ulteriori informazioni si rimanda alla consultazione della bibliografia.

Tutte le immagini contenute in questo libro sono originali, di libero utilizzo oppure destinate ad un uso "non commerciale". L'uso di immagini che rinforzino ed illustrino i concetti contenuti in un libro non è infatti da intendersi come “commerciale”. Nessuna di tali immagini è stata utilizzata per loghi commerciali e trasposizione in altre raccolte di clipart.